全国职业院校汽车类专业新形态工作手册式教材
全国技工院校汽车类专业工学一体化教材

汽车商务礼仪与沟通

中德诺浩汽车职业教育研究院　组织编写
主编　吕丕华

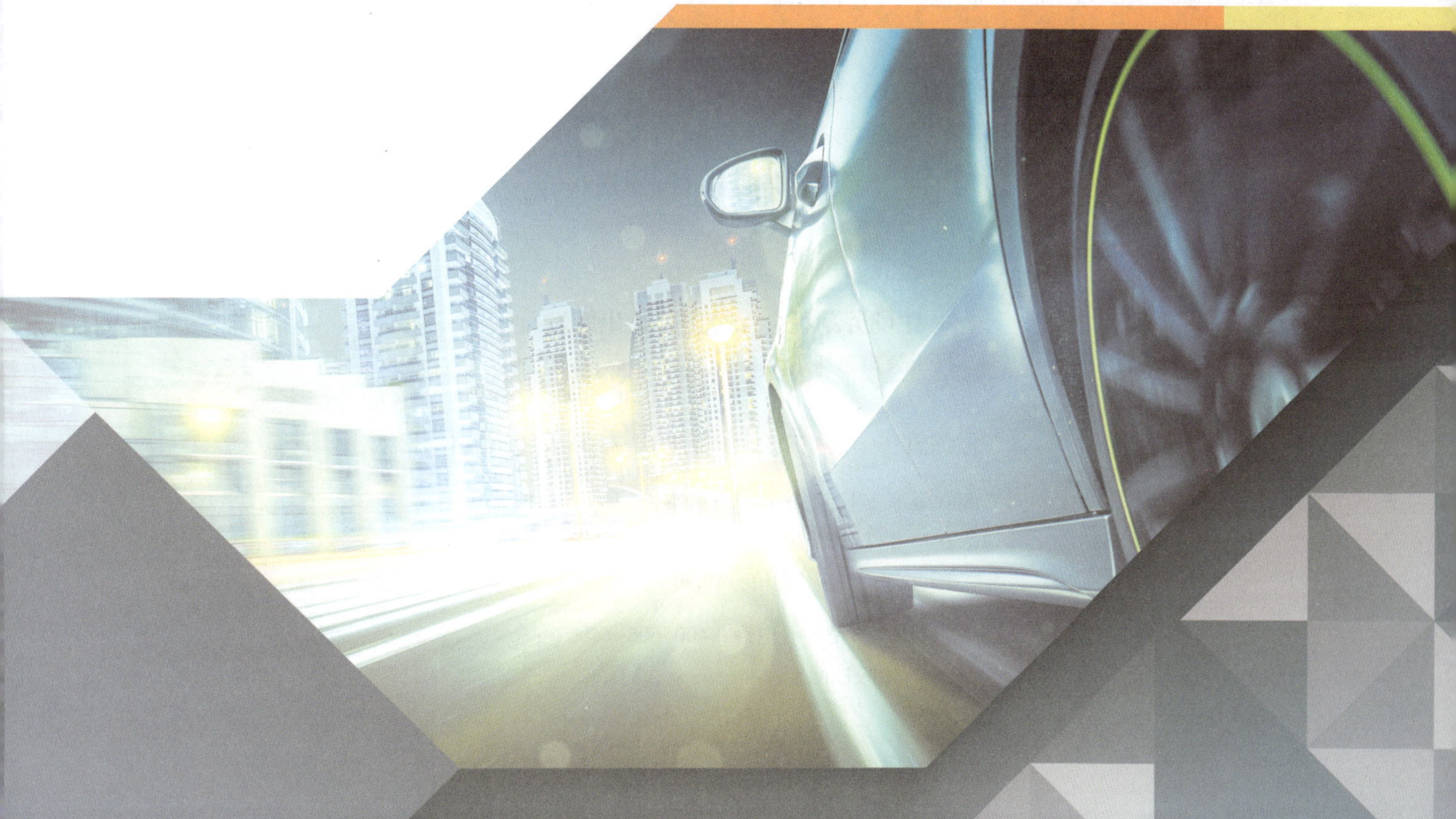

中国劳动社会保障出版社

内容简介

本书是全国职业院校汽车类专业新形态工作手册式教材 / 全国技工院校汽车类专业工学一体化教材，由中德诺浩汽车职业教育研究院组织开发。全书共包含 3 个学习情境、12 个学习任务，内容涵盖着装礼仪、站姿与蹲姿礼仪、行姿与坐姿礼仪、电话接听礼仪、电话回访礼仪、初次见面礼仪、引领礼仪、接待送别礼仪、餐桌礼仪、就餐礼仪、乘车礼仪、商务会议礼仪等。

本书可作为全国职业院校与技工院校汽车类专业教学用书，也可作为汽车售后服务企业相关技术人员与社会人士培训参考用书。

本套教材由吕丕华主编，本书由张东杰负责编写。

图书在版编目（CIP）数据

汽车商务礼仪与沟通 / 吕丕华主编. -- 北京：中国劳动社会保障出版社，2023

全国职业院校汽车类专业新形态工作手册式教材　全国技工院校汽车类专业工学一体化教材

ISBN 978-7-5167-5961-5

Ⅰ. ①汽…　Ⅱ. ①吕…　Ⅲ. ①汽车 – 商业服务 – 礼仪 – 职业教育 – 教材②汽车 – 销售 – 商务谈判 – 职业教育 – 教材　Ⅳ. ①F766

中国国家版本馆 CIP 数据核字（2023）第 122005 号

中国劳动社会保障出版社出版发行

（北京市惠新东街 1 号　邮政编码：100029）

*

北京市白帆印务有限公司印刷装订　　新华书店经销

880 毫米 ×1230 毫米　16 开本　6 印张　144 千字

2023 年 7 月第 1 版　　2025 年 5 月第 3 次印刷

定价：19.00 元

营销中心电话：400-606-6496

出版社网址：http://www.class.com.cn

http://jg.class.com.cn

当前，我国正在加快实施“中国制造 2025”计划，处于由制造大国向制造强国、由人力资源大国向人力资源强国发展的重要时期，党和国家为此制定了一系列科教兴国、人才强国的战略措施。

在人才队伍中，工作在生产一线的技能型人才是重要基础。高素质技能型人才队伍是推动经济社会发展的重要保障，职业教育是培养高素质技能型人才的主要渠道。尽管世界各国国情不同，发展职业教育的条件、政策和具体措施各异，但无论发达国家还是新兴工业化国家，均普遍重视职业教育在培养高素质技能型人才中的重要作用，把发展职业教育作为人力资源开发、振兴经济、增强国力的战略选择。

德国的职业教育水平处于世界领先地位。德国经济在世界金融危机中之所以依然稳健发展，与其因职业教育发达而拥有大量的高素质技能型人才是分不开的。完备的法律制度和各方面的高度重视，为德国的职业教育发展提供了有力保障。德国的双元制职业教育制度将劳动人事制度与教育制度有机地结合在一起。学校和企业都是培养人才的主体，并承担相应责任，学校和企业的教学计划、形式和内容虽各有侧重，但又相互联系，且均以工作任务为教学载体，将技能学习和训练、理论学习和运用有机结合，充分发挥学生在教学中的主体作用，着力培养学生承担社会责任的能力、独立发现和解决问题的能力、在实践中自主学习的能力。

改革开放以来，我国在借鉴国外先进职业教育经验方面取得了可喜成就。我国职业教育的对外交流与合作就是从借鉴和学习德国经验开始的，中德诺浩（北京）教育投资股份有限公司为此做了积极而有效的探索。

长期以来，该公司致力于引进德国的汽车职业教育资源，与德国手工业协会合作，在国内与以德国品牌为主的汽车合资企业和各类职业院校共同开展教育工作。经过多年的探索，结合我国国情，该公司成功地

引进德国汽车职业教育的课程体系、教学素材和教学方法，并结合互联网手段进行了全方位本土化，在此基础上与 300 多所职业院校联手，为我国汽车维修企业培养了大批优秀人才。与此同时，该公司组织中德两国的汽车技术专家、经验丰富的维修技师和职业教育专家，共同编写了职业院校汽车类专业新形态工作手册式教材。这套教材以培养高技能人才为目标，内容选自实际操作，既“原汁原味”地吸纳了德国经验，又结合我国实际情况充实了教学内容，推动我国汽车维修技能型人才的培养与世界接轨。我期待其在我国培养国际标准汽车高技能人才方面发挥出重要作用，在中国由汽车大国向汽车强国迈进的征程中做出应有的贡献。

唐天标

（本序作者系第十一届全国人大常委会委员、第十一届全国人大教科文卫委员会副主任委员，原中国人民解放军总政治部副主任，上将军衔）

前言

职业教育是国民教育体系和人力资源开发的重要组成部分，肩负着培养多样化人才、传承技术技能、促进就业创业的重要职责。随着新型工业化的推进和科学技术的发展，现代职业教育体系越来越成为国家竞争力的重要支撑。为贯彻落实全国职业教育大会精神，推动现代职业教育高质量发展，加快构建现代职业教育体系，建设技能型社会，弘扬工匠精神，培养更多高素质技术技能人才、能工巧匠、大国工匠，满足我国汽车产业迅猛发展对高端技术技能型汽车人才的需求，中德诺浩在总结多年来将德国汽车职业教育中国本土化经验的基础上，编写了这套职业院校汽车类专业新形态工作手册式教材。

本套教材将理论基础和实践应用有机结合，在引领学生学习汽车专业知识的同时培养学生实际操作技能，具有以下特点：

（1）以企业一线任务为引导，将理论知识与实践技能进行完美结合。

（2）集图、文、声、像于一体，为学生提供多种形式的学习素材。

（3）采用四色印刷，版面简洁清晰、主题明确、色彩清新。

（4）本套教材配有丰富的数字化教学资源，学生可通过扫描每本书专属的封面二维码进行浏览和自学。

本套教材由中德诺浩汽车职业教育研究院组织编写，编写方式充分发挥了学生的主体地位，优化了课堂设计，便于调动学生的学习积极性和主动性，还可培养学生的创新意识和创新能力。

本套教材是职业院校汽车类专业核心课程教材，同时也可供从事汽车研究、设计、制造、使用和维修的工程技术人员学习和参考。

由于时间紧、任务重，本书内容难免有不恰当和错误之处，敬请广大读者批评指正！

编者

2022 年 10 月

目录
CONTENTS

情境一

着装与姿态礼仪

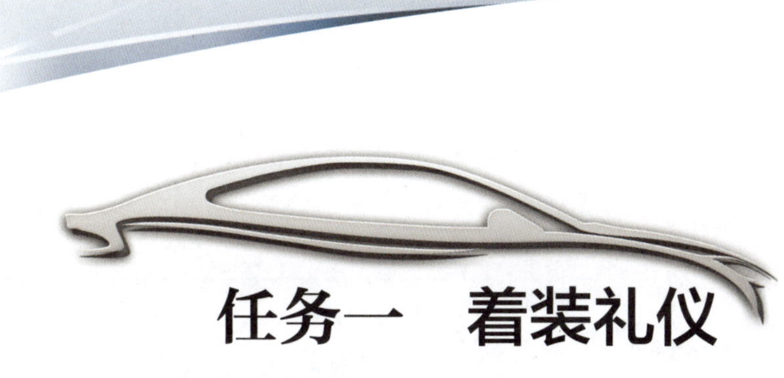

任务一　着装礼仪

汽车商务礼仪任务工单				
实操人信息	姓名		性别	
任务描述	着装礼仪 □　站姿与蹲姿礼仪 □　行姿与坐姿礼仪 □　电话接听礼仪 □ 电话回访礼仪 □　初次见面礼仪 □　引领礼仪 □　接待送别礼仪 □ 餐桌礼仪 □　就餐礼仪 □　乘车礼仪 □　商务会议礼仪 □ 其他：			
男士仪容仪表检查		女士仪容仪表检查		
发型发色		发型发色		
仪容仪表		仪容仪表		
着装		着装		
其他		其他		
明确具体工作任务				

续表

- 能够根据不同场合恰当着装
- 能够根据要求搭配服饰
- 掌握领带、丝巾的佩戴方法

- 着装要求和仪容仪表要求
- 领带、丝巾等配饰的佩戴方法

- 着装要求和仪容仪表要求
- 领带、丝巾等配饰的佩戴方法

- 根据实际场合搭配着装，使之符合仪容仪表要求

一、场合与着装

（一）知识讲解

（1）岗位不同对着装的要求也不同，在前台任职要求穿西装、衬衫、皮鞋，打领带。

（2）在车间内工作的维修人员要求穿工装、工作鞋。

（3）公司举行会议时通常应选择穿西装或职业装。

（4）参加婚礼应穿得整洁，男士首选西装，但不需要太正式。

（5）参加生日聚会穿着可休闲一点，但要保证整洁。

（6）旅游度假时宜选择穿着休闲运动装。

（二）任务分配（见表 1–1）

表 1–1　任务分配表

职务	代码	姓名	工作内容
组长	A		监督、管理、分配组员工作
组员	B		进行物品准备、实际演练
	C		
	D		
	E		
	F		

（三）任务实施

（1）找错误：将下列描述中说法错误的内容找出来（见表 1–2）。

表 1-2 找出着装错误

场合	着装	着装错误
公司开会	运动装 + 皮鞋	
朋友结婚	背心、短裤 + 拖鞋	
登山	西装 + 运动鞋	
在前台接待客户	车间工装 + 工作鞋	

（2）以小组为单位，通过网络查阅资料或观看图片、视频等，写出以下场合的着装要求，填入表 1-3 中。

表 1-3 不同场合的着装要求

场景		着装要求
登山		
聚会		
公司会议		
前台接待客户		
车间维修车辆		

二、仪容与仪表

（一）知识讲解

（1）在前台时，男士着装要求全身的颜色不能多于三种。

（2）4S 店对女士的发型要求：头发不能彩染，发型要整齐、没有碎发，刘海不遮眉眼，长发盘于脑后。

（3）4S 店对男士的发型要求：头发要整齐、干净，前不覆额、侧不遮耳、后不触领。

（4）车间对维修人员的着装要求：工装要勤清洗，保持整洁干净，纽扣全部系上，长袖装不得挽袖口，长裤装不得挽裤脚。

（二）任务实施

找出表 1-4 图片中的错误。

表 1-4　找错误

续表

续表

三、配饰

（一）知识讲解

（1）女士丝巾的常见系法有蝴蝶结和花朵结两种。

（2）领带常见的系法有平结和温莎结两种。

（3）适当的领带长度是指领带的尖端恰好触及皮带扣，不能多也不能少。

（二）任务实施

（1）根据知识讲解中所述内容，完成模拟练习任务（见表 1–5）。

表 1–5　模拟练习

组员	练习项目	是否符合要求

（2）保持原分组状态不变，组内成员两两配合完成模拟练习，在一人练习时另一人仔细观察并纠正错误。

四、检查

（一）自检

结合本任务实施过程，检查相关表现是否符合要求，将结果填入表 1–6 中。

表 1-6 自检

检查项目	结果
是否能根据不同场合正确安排着装	是 □ 否 □
是否正确佩戴丝巾	是 □ 否 □
是否正确打领带	是 □ 否 □

（二）互检

组与组之间进行相互检查，并把检查结果填写在表 1-7 中。

表 1-7 互检

检查项目	结果
是否能根据不同场合正确安排着装	是 □ 否 □
是否正确佩戴丝巾	是 □ 否 □
是否正确打领带	是 □ 否 □

五、课堂小结

____

____

____

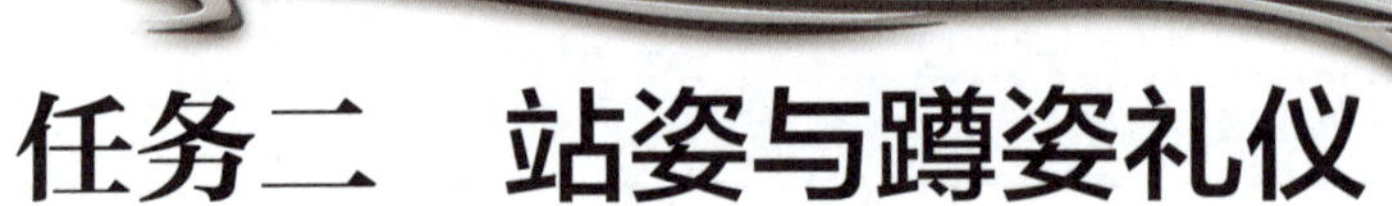

任务二　站姿与蹲姿礼仪

<table>
<tr><td colspan="4">汽车商务礼仪任务工单</td></tr>
<tr><td>实操人信息</td><td>姓名</td><td></td><td>性别</td></tr>
<tr><td>任务描述</td><td colspan="3">着装礼仪 □　站姿与蹲姿礼仪 □　行姿与坐姿礼仪 □　电话接听礼仪 □
电话回访礼仪 □　初次见面礼仪 □　引领礼仪 □　接待送别礼仪 □
餐桌礼仪 □　就餐礼仪 □　乘车礼仪 □　商务会议礼仪 □
其他：</td></tr>
<tr><td colspan="2">男士仪容仪表检查</td><td colspan="2">女士仪容仪表检查</td></tr>
<tr><td>发型发色</td><td rowspan="4"></td><td>发型发色</td><td rowspan="4"></td></tr>
<tr><td>仪容仪表</td><td>仪容仪表</td></tr>
<tr><td>着装</td><td>着装</td></tr>
<tr><td>其他</td><td>其他</td></tr>
<tr><td>明确具体工作任务</td><td colspan="3"></td></tr>
</table>

续表

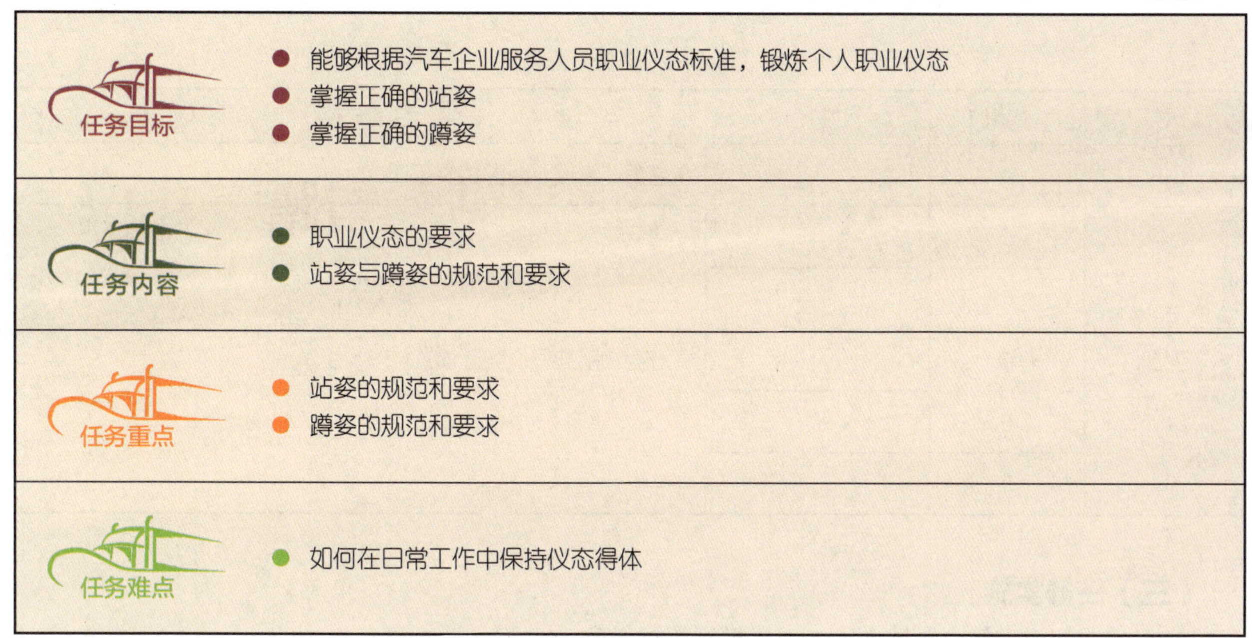

任务目标	● 能够根据汽车企业服务人员职业仪态标准，锻炼个人职业仪态 ● 掌握正确的站姿 ● 掌握正确的蹲姿
任务内容	● 职业仪态的要求 ● 站姿与蹲姿的规范和要求
任务重点	● 站姿的规范和要求 ● 蹲姿的规范和要求
任务难点	● 如何在日常工作中保持仪态得体

一、站姿

（一）知识讲解

站姿是人最常见的一种静态的身体造型，同时又是其他动态身体造型的基础和起点，因而最易表现人的姿势特征。标准站姿为从正面看全身笔直，两眼正视，两肩平齐，两臂自然下垂，两脚跟并拢，两脚尖张开约 60°，身体重心落于两腿正中；从侧面看两眼平视，下颌微收，挺胸收腹，腰背挺直，手中指贴裤缝，整个身体庄重挺拔。在交际中，站姿是一个人全部仪态的核心。

（1）男士站姿要求

身体立直，抬头挺胸，下颌微收，双目平视，嘴角微闭，双脚平行分开，两脚间距不超过肩宽，一般以 20 cm 为宜，双手手指自然并拢，右手搭在左手上（或左手搭在右手上），轻贴于腹部，不要挺腹或后仰。

（2）女士站姿要求

1）站立时，头要正，下颌微收，双肩并拢且微向后张，双臂自然下垂，要挺胸、收腹、立腰。

2）在正式的交往场合，双臂在体侧自然下垂，五指并拢且自然微屈，中指压裤缝，或者双手在体前相握，右手放在左手上，置于腹前；在非正式的交往场合，也可以把双手背在身后。

3）站立时，两腿挺直，两膝并拢，脚跟靠紧，双脚呈“V”字型。

4）站立时，要正直站好。从正面看，身体的中心线应在两腿中间，并通过脊柱及头部，要防止中心线偏左或偏右。身体重量均匀分布在两个前脚掌。

5）站立时，表情要自然，眼睛平视，环顾四周，嘴微闭，面带微笑。

（二）任务分配（见表 2-1）

表 2-1　任务分配表

职务	代码	姓名	工作内容
组长	A		监督、管理、分配组员工作
组员	B		进行物品准备、实际演练
	C		
	D		
	E		
	F		

（三）任务实施

（1）根据知识讲解中所述内容，完成模拟练习任务。

（2）全班同学分为 5 组，每组选派 1 名组长，负责把控时间和分配任务。组内成员两两配合完成模拟练习，在一人练习时另一人仔细观察并纠正错误（见表 2-2）。

表 2-2　任务实施表

动作表现	实际结果	正确做法
是否手指指向某人或某物	是 □　否 □	双手自然下垂
是否双脚交叉站立	是 □　否 □	自然站立，双脚分开

（3）实战演练

1）保持原分组状态不变，进行实战演练。

2）组与组之间进行比赛，对手自选。

3）在对手组演练时应仔细观察，找出错误或不合理之处，随时记录（见表 2-3）。

表 2-3　实战演练

序号	实战演练过程中出现的问题
1	
2	
3	
4	
5	
6	

二、蹲姿

（一）知识讲解

蹲姿是人处于静态时的一种特殊体位。下蹲时一脚在前，一脚在后，两腿向下蹲，前脚全着地，小腿基本垂直于地面，后脚脚跟提起，脚尖着地。女性应将双腿靠紧，男性则可适度将双腿分开。臀部向下，基本上以后腿支撑身体。

常见蹲姿有以下几种：

（1）折叠交叉式蹲姿

在实际生活中常常会用到蹲姿，如集体合影前排需要蹲下时，女士可采用折叠交叉式蹲姿，下蹲时右脚在前，左脚在后，右小腿垂直于地面，全脚着地。左膝由后面伸向右侧，左脚跟抬起，脚掌着地。两腿靠紧，合力支撑身体。臀部向下，上身稍向前倾。

（2）折叠高低式蹲姿

下蹲时右脚在前，左脚稍后，两腿靠紧向下蹲。右脚全脚着地，小腿基本垂直于地面，左脚脚跟提起，脚掌着地。左膝低于右膝，左膝内侧靠于右小腿内侧，形成右膝高左膝低的姿态，臀部向下，基本上以左腿支撑身体。

（3）折叠半跪式蹲姿

左脚平放在地上，左腿自然弯曲向左打开约 30°，右脚尖着地，右脚跟翘起，将臀部的重心落在右脚跟上，右膝向右打开约 60°，双手平放在大腿上，指尖与膝盖平齐，两肘紧贴两肋，上身挺直，昂首挺胸，目视前方。

弯腰捡拾物品时，两腿叉开，臀部向后撅起，是不雅观的姿态，两腿展开平衡下蹲，其姿态也不优雅。女士下蹲时注意内衣不可外露。

（二）任务实施

（1）根据知识讲解中所述内容，完成模拟练习任务。

（2）保持原分组状态不变，组内成员两两配合完成模拟练习，在一人练习时另一人仔细观察并纠正错误（见表 2–4）。

表 2–4 任务实施表

动作表现	实际结果	正确做法
蹲下时是否距客户过近	是 □ 否 □	距离适当
蹲下时是否双膝并拢	是 □ 否 □	双膝适度分开，保持一高一低

（3）实战演练

1）保持原分组状态不变，进行实战演练。

2）组与组之间进行比赛，对手自选。

3）在对手组演练时应仔细观察，找出错误或不合理之处，随时记录（见表 2–5）。

表 2-5　实战演练

序号	实战演练过程中出现的问题
1	
2	
3	
4	
5	
6	

三、检查

（一）自检

结合本任务实施过程，检查相关表现和实战演练是否符合要求，将结果填入表 2-6 中。

表 2-6　自检

检查项目	结果
练习过程中是否出现未收下颌的情况	是 □　否 □
男士标准动作：脚动作是否做到与肩同宽	是 □　否 □
女士标准动作：手动作是否做到放在腹前	是 □　否 □
男（女）站姿是否符合规范	是 □　否 □
男（女）蹲姿是否符合规范	是 □　否 □

（二）互检

组与组之间进行相互检查，并把检查结果填写在表 2-7 中。

表 2-7　互检

检查项目	结果
练习过程中是否出现未收下颌的情况	是 □　否 □
男士标准动作：脚动作是否做到与肩同宽	是 □　否 □
女士标准动作：手动作是否做到放在腹前	是 □　否 □
男（女）站姿是否符合规范	是 □　否 □
男（女）蹲姿是否符合规范	是 □　否 □

四、课堂小结

任务三　行姿与坐姿礼仪

<table>
<tr><td colspan="5">汽车商务礼仪任务工单</td></tr>
<tr><td>实操人信息</td><td>姓名</td><td></td><td>性别</td><td></td></tr>
<tr><td>任务描述</td><td colspan="4">着装礼仪 □　站姿与蹲姿礼仪 □　行姿与坐姿礼仪 □　电话接听礼仪 □
电话回访礼仪 □　初次见面礼仪 □　引领礼仪 □　接待送别礼仪 □
餐桌礼仪 □　就餐礼仪 □　乘车礼仪 □　商务会议礼仪 □
其他：</td></tr>
<tr><td colspan="2">男士仪容仪表检查</td><td colspan="3">女士仪容仪表检查</td></tr>
<tr><td>发型发色</td><td rowspan="4"></td><td>发型发色</td><td colspan="2" rowspan="4"></td></tr>
<tr><td>仪容仪表</td><td>仪容仪表</td></tr>
<tr><td>着装</td><td>着装</td></tr>
<tr><td>其他</td><td>其他</td></tr>
<tr><td>明确具体工作任务</td><td colspan="4"></td></tr>
</table>

续表

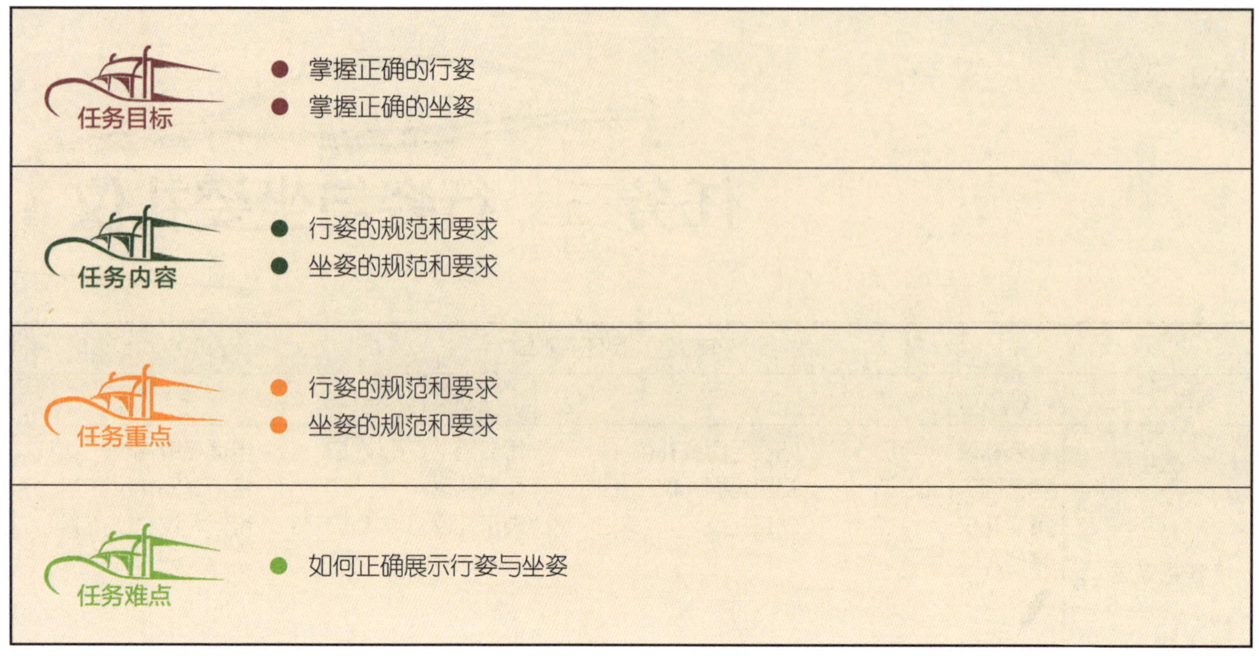

一、行姿

（一）知识讲解

行姿是站姿的延续动作，是在站姿的基础上展示人的动态美。协调稳健、轻松敏捷的行姿能够展现出商务人员朝气蓬勃、积极向上的精神风貌和职业素养。

对商务人员行姿的基本要求是自然、优雅、轻捷有节奏。起步时，上身略向前倾，身体重心落在前脚掌上。行走时，身体直立，昂首挺胸，收腹立腰，目光平视，下颌微收，表情自然平和。双肩平稳，手臂伸直放松，手指自然弯曲。手臂以身体为中心前后自然摆动，摆幅一般在30°~45°。腿部伸直，重心稍前倾，脚尖微向外或向正前方伸出，两腿有节奏地向前交替迈出，脚步要轻并且富有弹性和节奏感。标准步幅为一脚至一脚半，即前脚脚跟与后脚脚尖之间的距离为本人脚掌长度的1~1.5倍。男士行走时，两只脚踩出的是两条平行线，且步履要雄健有力、不慌不忙，展现刚健的阳刚之美；女士行走时，两脚的脚后跟尽可能踩在同一条线上，跨步要轻捷优雅，步伐适中，展现出温柔、矫健的阴柔之美。

走路时，两脚的脚尖均要朝向正前方，“内八字”和“外八字”都是不美观的行姿。步幅适当，既不宜过大，也不宜过小。男女同行，女士步幅较小，男士步幅较大，男士应适当调整步幅，尽量与女士同步行走。行进的速度应当保持均匀、平稳，不要忽快忽慢。步高要合适，行走时脚抬得过高缺乏稳健感，抬得过低则缺乏朝气。行走时，应克服不雅的走姿，如弯腰驼背、歪肩晃膀、扭腰摆臀、左顾右盼、背手、插兜、抱肘、叉腰等。多人一起行走不要排成横队，要尽量靠右行走，以便有急事的人从左边超过。

（二）任务分配（见表 3-1）

表 3-1 任务分配表

职务	代码	姓名	工作内容
组长	A		监督、管理、分配组员工作
组员	B		进行物品准备、实际演练
	C		
	D		
	E		
	F		

（三）任务实施

（1）根据知识讲解中所述内容，完成模拟练习任务。

（2）全班同学分为 5 组，每组选派 1 名组长，负责把控时间和分配任务。组内成员两两配合完成模拟练习，在一人练习时另一人仔细观察并纠正错误（见表 3-2）。

表 3-2 任务实施表

动作表现	实际结果	正确做法
是否弯腰驼背	是 □ 否 □	肩要平，胸要挺
是否四处张望，面无表情	是 □ 否 □	双眼目视前方，面带微笑
步速是否过快或过慢	是 □ 否 □	步速适中、平稳
摆臂是否过于拘谨	是 □ 否 □	自然摆臂
带领客户参观时，与客户的位置是否错误	是 □ 否 □	带领客户参观时，应在客户左前方
告辞时，是否直接转身离开	是 □ 否 □	告辞时，向后退两三步，再离开
转身时是否很随意	是 □ 否 □	转身时要先转身体，头稍后再转
与同事、朋友一起行走时，是否勾肩搭背，显得过于亲密	是 □ 否 □	与同事、朋友一起行走时，保持一定的距离
上下电梯时，表现是否很随意	是 □ 否 □	上下电梯时，要右上右下，礼让他人

（3）实战演练

1）保持原分组状态不变，进行实战演练。

2）组与组之间进行比赛，对手自选。

3）在对手组演练时应仔细观察，找出错误或不合理之处，随时记录（见表 3-3）。

表 3-3 实战演练

序号	实战演练过程中出现的问题
1	
2	

续表

序号	实战演练过程中出现的问题
3	
4	
5	
6	

二、坐姿

（一）知识讲解

坐姿是指就座之后所呈现的姿势。“坐如钟”是指人在就座之后要像钟一样稳重，不偏不倚。坐姿体现静态美，是人们在生活和工作中采用得最多的一种姿势。

（1）坐姿的具体要求

1）入座时的要求

①入座时讲究先后顺序，礼让尊长，切勿争抢。

②一般从左侧走到自己的座位前，转身后把右脚向后撤半步，轻稳坐下，然后把左脚与右脚并拢。

③穿裙装的女士入座时，通常应先用双手拢平裙摆，再轻轻坐下。

④在较为正式的场合，或有尊长在的情况下，一般不应坐满座位，臀部大体占据 2/3 的座位即可。

2）坐定的要求

①头部端正。坐定时，要求头部端正，可以扭动脖子，但不能歪头，眼睛正视对方交谈，或目视前方，目光柔和，表情自然亲切。

②上半身伸直。上半身自然伸直，两肩平正放松，两臂自然弯曲，两手既可以放在大腿上，也可以放在椅子或沙发扶手上，掌心一定要向下。

③下半身稳重。两腿自然弯曲，两脚平落地面，在极正规的场合，上身与大腿、大腿与小腿，应均为直角，即“正襟危坐”。

（2）坐定的姿势

1）男士坐定以后，头部和上半身的要求和站姿一样。双腿、双脚并拢，形成“正襟危坐”，双腿、双脚也可张开一些，但是不能宽于肩部。

2）女士落座后，头部和上半身的要求也和站姿一样，但更强调要双腿并拢，具体坐姿有以下几种：

①双腿、双脚并拢“正襟危坐”。

②双腿并拢，双脚呈“V”字形或“丁”字形。

③双腿并拢，双脚并拢或呈“V”字形、“丁”字形，双膝向左或向右略微倾斜。

④一条腿压在另一条腿上，上面的腿和脚尖尽量向下压，不能跷得过高，否则有失风度。

（二）任务实施

（1）根据知识讲解中所述内容，完成模拟练习任务。

（2）保持原分组状态不变，组内成员两两配合完成模拟练习，在一人练习时另一人仔细观察并纠正错误（见表 3-4）。

表 3-4 任务实施表

动作表现	实际结果	正确做法
入座是否很随意	是☐ 否☐	应从座椅侧面轻稳入座
是否弯腰驼背	是☐ 否☐	身体保持正直，肩部放松，微微前倾
是否目光懒散，面无表情	是☐ 否☐	双目平视，面带微笑
入座前是否收拢裙角，入座后脚放在一侧	是☐ 否☐	入座前收拢裙角，入座后脚放在中间

（3）实战演练

1）保持原分组状态不变，进行实战演练。

2）组与组之间进行比赛，对手自选。

3）在对手组演练时应仔细观察，找出错误或不合理之处，随时记录（见表 3–5）。

表 3-5 实战演练

序号	实战演练过程中出现的问题
1	
2	
3	
4	
5	
6	

三、检查

（一）自检

结合本任务实施过程，检查相关表现和实战演练是否符合要求，将结果填入表 3–6 中。

表 3-6 自检

检查项目	结果
针对不同场合（上班时、上班工作中、下班时）所应具备的行姿是否符合规范	是☐ 否☐
针对不同场合（男士接待客户时、女士接待客户时、面试时、伏案写作时、与客户交谈时）所应具备的坐姿是否符合规范	是☐ 否☐

（二）互检

组与组之间进行相互检查，并把检查结果填写在表 3–7 中。

表 3-7　互检

检查项目	结果
针对不同场合（上班时、上班工作中、下班时）所应具备的行姿是否符合规范	是□　否□
针对不同场合（男士接待客户时、女士接待客户时、面试、伏案写作、与客户交谈时）所应具备的坐姿是否符合规范	是□　否□

四、课堂小结

情境二

电话沟通与现场接待礼仪

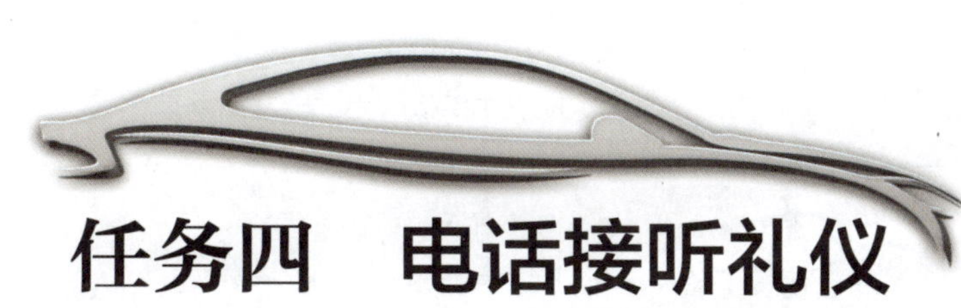

任务四 电话接听礼仪

<table>
<tr><td colspan="5">汽车商务礼仪任务工单</td></tr>
<tr><td>实操人信息</td><td>姓名</td><td></td><td>性别</td><td></td></tr>
<tr><td>任务描述</td><td colspan="4">着装礼仪 □ 站姿与蹲姿礼仪 □ 行姿与坐姿礼仪 □ 电话接听礼仪 □
电话回访礼仪 □ 初次见面礼仪 □ 引领礼仪 □ 接待送别礼仪 □
餐桌礼仪 □ 就餐礼仪 □ 乘车礼仪 □ 商务会议礼仪 □
其他：</td></tr>
<tr><td colspan="2">男士仪容仪表检查</td><td colspan="3">女士仪容仪表检查</td></tr>
<tr><td>发型发色</td><td rowspan="4"></td><td>发型发色</td><td colspan="2" rowspan="4"></td></tr>
<tr><td>仪容仪表</td><td>仪容仪表</td></tr>
<tr><td>着装</td><td>着装</td></tr>
<tr><td>其他</td><td>其他</td></tr>
<tr><td>明确具体工作任务</td><td colspan="4"></td></tr>
</table>

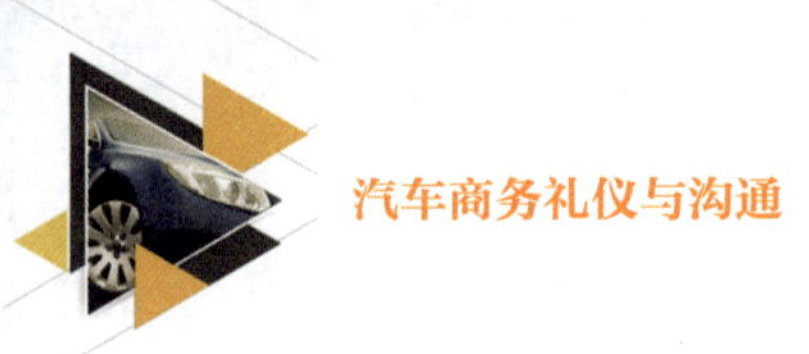

续表

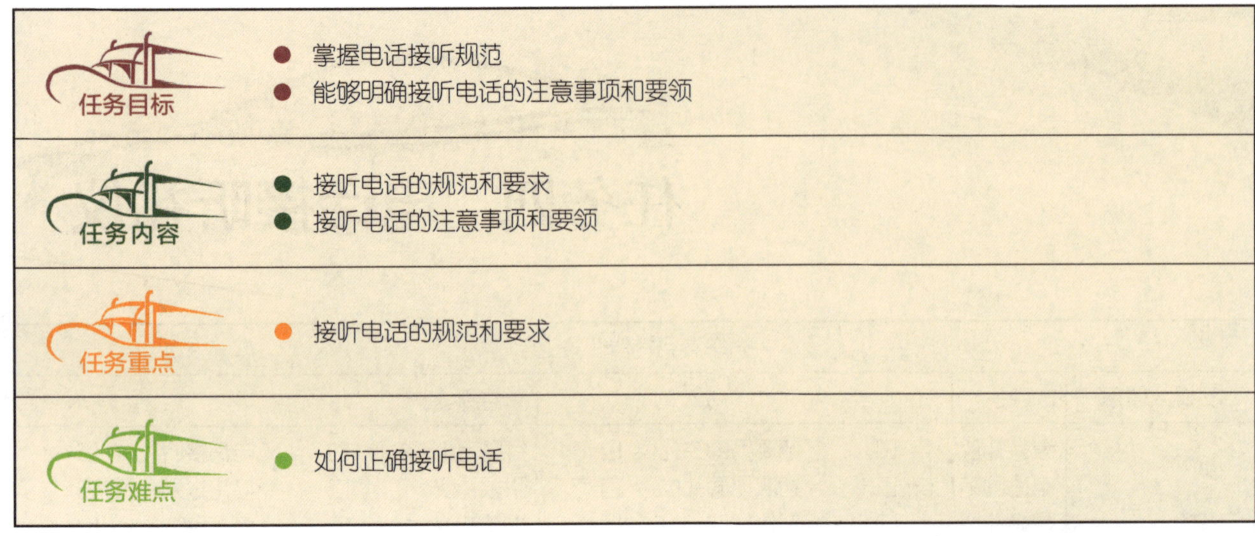

任务目标	● 掌握电话接听规范 ● 能够明确接听电话的注意事项和要领
任务内容	● 接听电话的规范和要求 ● 接听电话的注意事项和要领
任务重点	● 接听电话的规范和要求
任务难点	● 如何正确接听电话

一、上班时接听电话的礼仪

（一）知识讲解

上班的时候接听电话，要做到以下几点：

（1）不要边走边玩手机，手机应放到公文包里，不要将手机放入口袋。

（2）手机应尽量调成静音或者振动，不要设置不符合身份或者场合的铃声或彩铃。

（3）在突然接到电话时应该礼貌接听，身体要挺直，避免出现东倒西歪、频繁移动的情形。

（4）接电话时，声音不要过大，以免影响周围人。

（5）若来电时正在开会，应告诉对方事由，过段时间后或者休息时回复。

（二）任务分配（见表 4-1）

表 4-1　任务分配表

职务	代码	姓名	工作内容
组长	A		监督、管理、分配组员工作
组员	B		进行物品准备、实际演练
	C		
	D		
	E		
	F		

（三）任务实施

（1）根据知识讲解中所述内容，完成模拟练习任务。

（2）全班同学分为 5 组，每组选派 1 名组长，负责把控时间和分配任务。组内成员两两配合完成模拟练习，在一人练习时另一人仔细观察并纠正错误。

练习任务参考

服务专员：

您好，我是 ××× 汽车 4S 店服务专员，我叫 ×××，很高兴为您服务。

客户：

您好，我是 ×××。我想问一下，我的车保养得怎么样了（或者其他需求）？

服务专员：

先生 / 女士，非常抱歉，我现在正在接待客户（说明事由，或者说有其他事情），您现在着急吗？您稍等一下，我一会儿再为您服务可以吗？

（1）接受等待

客户：

好的，不着急。我可以等你一会儿。

服务专员：

谢谢 ×× 先生 / 女士的谅解，请您稍等片刻……

（2）不接受等待

客户：

我现在有些着急，你现在帮我解决一下好吗？

服务专员：

好的，先生 / 女士。您稍等，我请我们的另一位服务专员来为您服务吧。谢谢您的谅解。

客户：

好的，没问题，只要现在能帮我解决问题就好……

（1）试为本次服务的总体满意度做一个评价，您认为：

A. 特别满意　B. 满意　C. 一般

（2）您会推荐这家 4S 店给您的朋友或同事吗？

A. 一定会　B. 不确定　C. 一定不会

（3）您下一次的维修或保养还会在该 4S 店进行吗？

A. 一定会　B. 不确定　C. 一定不会

（4）车辆进站维修的项目是否全部进行完毕？您满意吗？

A. 是　B. 否　C. 特别满意　D. 满意　E. 一般

（5）服务人员对您提出的要求和疑问是否都做了详细解答？您满意吗？

A. 是　B. 否　C. 特别满意　D. 满意　E. 一般

（3）实战演练

1）保持原分组状态不变，进行实战演练。

2）组与组之间进行比赛，对手自选。

3）在对手组演练时应仔细观察，找出错误或不合理之处，随时记录（见表 4–2）。

表 4–2　实战演练

序号	实战演练过程中出现的问题
1	
2	
3	
4	
5	
6	

二、工作中接听电话的礼仪

（一）知识讲解

工作中接听电话的要求有以下几点：

（1）接听电话时，应在电话铃响三声内拿起话筒接听，不要让电话铃声响太长时间。

（2）电话铃声响太长时间是对办公环境的污染。如果电话离自己很远，响铃超过三声才接起，应马上解释：“抱歉，让您久等了。”

（3）在接听电话时，一定要身体挺直，坐姿端正。

（4）应认真倾听，不要轻易打断对方。

（二）任务实施

（1）根据知识讲解中所述内容，完成模拟练习任务。

（2）保持原分组状态不变，组内成员两两配合完成模拟练习，在一人练习时另一人仔细观察并纠正错误（见表 4–3）。

练习任务参考

客户：

您好，我找一下 ×××……

（1）××× 在办公室

服务专员：

好的，先生 / 女士，请稍等，我马上为您找 ××× 接听。

（2）××× 不在办公室

服务专员：

对不起，先生 / 女士，××× 暂时不在，您需要我转达什么信息吗？您可以告诉我，等 ××× 回来，我帮您转达。

客户：

好的，麻烦你了。你帮我转告 ×××，我下周一要过去找他……

服务专员：

好的，没有问题。我一定帮您转达到。请问您还有什么需要帮助的吗？

客户：

暂时没有了。谢谢你的服务。再见！

服务专员：

不客气，先生 / 女士。很荣幸能为您服务，再见！

× × × 回到办公室：

服务专员 1：× × ×，刚才有位客户找你，他让我转告你，下周一要过来找你。

服务专员 2：好的，谢谢你！我知道了。

表 4-3 任务实施表

动作表现	实际结果	正确做法
与客户沟通时是否有礼貌、语言得体	是 □ 否 □	态度礼貌、语言得体
电话是否成功呼入	是 □ 否 □	耐心等待、不急不躁
是否得体地处理客户拒绝	是 □ 否 □	耐心询问、礼貌道歉
是否成功预约下次通话时间	是 □ 否 □	表明意图、礼貌预约

（3）实战演练

1）保持原分组状态不变，进行实战演练。

2）组与组之间进行比赛，对手自选。

3）在对手组演练时应仔细观察，找出错误或不合理之处，随时记录（见表 4-4）。

表 4-4 实战演练

序号	实战演练过程中出现的问题
1	
2	
3	
4	
5	
6	

三、接待客户时接听电话的礼仪

（一）知识讲解

如果接待客户时突然有电话呼入，需先向客户道歉，说明事由，同时应尽快结束通话，并告诉对方有客人在，稍后回复，尽量不在工作时间谈论私人话题。

（二）任务实施

（1）根据知识讲解中所述内容，完成模拟练习任务。

（2）保持原分组状态不变，组内成员两两配合完成模拟练习，在一人练习时另一人仔细观察并纠正错误（见表 4–5）。

练习任务参考

服务专员 1：

先生 / 女士，非常抱歉！我现在可以接个紧急电话吗？

客户 1：

好的，您先忙。

服务专员 1：

您好，我是 ××× 汽车 4S 店服务专员 ×××，很高兴为您服务。请问有什么可以帮到您的吗？

客户 2：

您好，我是 ×××。我想下周日去你们店里参观，请问可以预约试驾吗？

服务专员 1：

先生 / 女士，非常抱歉！我现在正在接待一位客户（说明事由，或者说有其他事情），您现在着急吗？您稍等一下，我请我们公司另一位服务人员为您服务好吗？

客户 2：

好的。

服务专员 1：

谢谢 ×× 先生 / 女士的谅解，请您稍等片刻……

服务专员 1：

×××，麻烦你接待一下这位先生 / 女士，我现在正接待另外一位客户，非常感谢！

服务专员 2：

好的，不用客气！

服务专员 1：

非常抱歉！先生 / 女士，咱们继续……

表 4–5　任务实施表

动作表现	实际结果	正确做法
与客户沟通时是否有礼貌，语言是否得体	是 □　否 □	态度礼貌、语言得体
接待客户时突然有电话呼入，是否直接挂掉电话	是 □　否 □	需先向客户道歉，说明事由，同时应尽快结束电话
是否边打电话边发信息	是 □　否 □	专心接电话

（3）实战演练

1）保持原分组状态不变，进行实战演练。

2）组与组之间进行比赛，对手自选。

3）在对手组演练时应仔细观察，找出错误或不合理之处，随时记录（见表 4–6）。

表 4–6 实战演练

序号	实战演练过程中出现的问题
1	
2	
3	
4	
5	
6	

四、客户预约时接听电话的礼仪

（一）知识讲解

客户预约时接听电话的要求有以下几点：

（1）在电话铃声响起三声内接听电话，用公司或品牌的统一应答语问候，并说出自己所属的部门、姓名、职务等信息。

（2）态度应热情、谦和、诚恳，音量要适中，保持微笑。

（3）电话接通后，用笔记下客户的姓名、身份、联系方式，并询问客户的业务需求，认真倾听客户回答。

（4）客户回答完毕，简要重复谈话内容，合理安排时间，同时做必要的业务提醒。

（二）任务实施

（1）根据知识讲解中所述内容，完成模拟练习任务。

（2）保持原分组状态不变，组内成员两两配合完成模拟练习，在一人练习时另一人仔细观察并纠正错误（见表 4–7）。

主动预约

预约专员：

××先生 / 女士，您好！我是 ××× 汽车 4S 店预约专员 ×××。

很抱歉，占用您几分钟时间，您现在方便吗？

您于 × 年 × 月 × 日购买了一台车型为 ××× 的汽车，至今已经行驶近 3 个月的时间，根据您车辆的情况，我们建议每行驶 7 500 km 应对您的爱车进行一次保养，以确保车辆的正常行驶。请问您的车辆行驶里程大约是多少？近期是否方便，我帮您预约一下好吗？

（1）接受邀约

客户：行驶里程是 ××，好的！

预约专员：

和我们推算的情况大致相符，那么，×× 先生 / 女士，我们在 × 月 × 日 × 时间段还有空位，可以为您提供预约服务，您看可以吗？

另外，在您的车辆到店前 72 小时、24 小时及 1 小时，服务顾问助理会与您再次确认，使用现在这个电话方便吗？如果有变化，您可以告诉我。

稍后我会将您本次的预约情况通过短信的形式发送到您的手机上，请及时保存。

感谢您接受邀约，届时我们将恭候您的光临，祝您行车愉快，再见！

（2）未接受邀约

客户：行驶里程是 ××，但最近工作比较忙。

预约专员：

谢谢您，×× 先生 / 女士，打扰了！（询问未接受邀约的原因并记录）希望您在下次来店保养前，提前拨打我们的预约专线 ××××，我们会提前为您安排好服务顾问以及维修技师，以减少您的等待时间。

稍后我会将预约专线的号码通过短信的形式发送到您的手机上，请及时保存。期待您的光临，祝您行车愉快，再见！

被动预约

预约专员：您好！我是 ××× 汽车 4S 店预约专员 ×××，很高兴为您服务，请问有什么可以帮到您？

客户：预约。

预约专员：好的，先生 / 女士，请问您贵姓？

客户：我姓 ×。

预约专员：

×× 先生 / 女士，请问您的车辆行驶里程大约有多少？车牌号是 ××××？请问您有指定的服务顾问吗？

预约专员：请问您需要预约什么项目？

预约专员：好的，除此之外您还有其他需求吗？

×× 先生 / 女士，我们在 × 月 × 日 × 时间段还有空位，您看可以吗？

好的，我们会安排我们的服务顾问陪同您检视您的爱车，大约需要十几分钟，您看可以吗？

×× 先生 / 女士，您的此次维修大概需要 ××（时间），预计费用约为 ×× 元。

另外，在您的车辆到店前 72 小时、24 小时及 1 小时，服务顾问助理会与您再次确认，使用现在这个电话方便吗？如果有变化，您可以告诉我。

×× 先生 / 女士，我再和您确认一下您的进厂时间为 × 月 × 日 × 时，届时服务顾问 ××× 将为您服务。同时我们提供取送车服务，如果您有需求我将为您做下记录。

稍后我会将您本次的预约情况通过短信的形式发送到您的手机上，请及时保存。

感谢您的预约来访，届时我们将恭候您的光临，祝您行车愉快，再见！

投诉电话

服务专员：

您好，这里是 ××× 汽车销售有限公司 4S 店，我是服务专员 ×××，很高兴为您服务，请问有什么可以帮到您?

服务专员：

对不起，请问发生什么事情让您不开心？您可以把详细情况告诉我吗？

服务专员：

发生这种情况，我们感到非常遗憾，您的情况我已经详细记录下来，我们会及时展开调查并给出初步的处理方案，请您留下联系方式，我们会在三天之内与您联系，一定给您一个满意的答复。

服务专员：

非常感谢您的理解与配合，对于这些天给您带来的不便，真的很抱歉。再次感谢您的来电，再见！

表 4-7 任务实施表

动作表现	实际结果	正确做法
是否自我介绍	是 □ 否 □	用公司或品牌的统一应答语问候，说出自己的姓名、部门、职务等
是否声音过大、态度冷漠	是 □ 否 □	声音适中、态度热情
通话内容是否记录	是 □ 否 □	记录客户信息

（3）实战演练

1）保持原分组状态不变，进行实战演练。

2）组与组之间进行比赛，对手自选。

3）在对手组演练时本组应仔细观察，找出错误或不合理之处，随时记录（见表 4-8）。

表 4-8 实战演练

序号	实战演练过程中出现的问题
1	
2	
3	
4	
5	
6	

五、检查

(一)自检

结合本任务实施过程，检查相关表现和实战演练是否符合要求，将结果填入表4-9中。

表4-9　自检

检查项目	结果
是否按照规范和要求正确接听电话	是□　否□
是否按照规范和要求正确拨打电话	是□　否□

(二)互检

组与组之间进行相互检查，并把检查结果填写在表4-10中。

表4-10　互检

检查项目	结果
是否按照规范和要求正确接听电话	是□　否□
是否按照规范和要求正确拨打电话	是□　否□

六、课堂小结

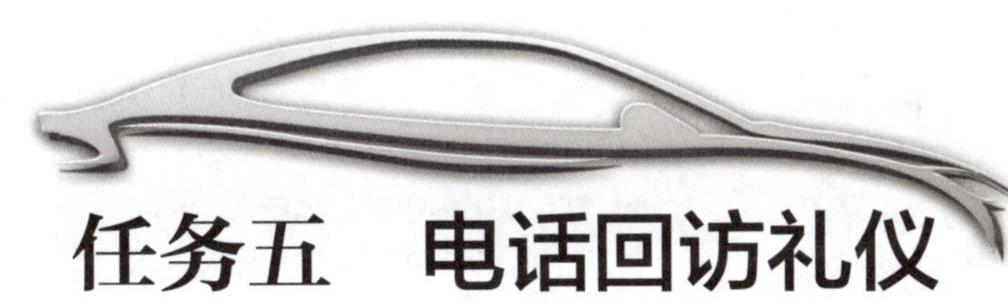

任务五　电话回访礼仪

<table>
<tr><td colspan="4">汽车商务礼仪任务工单</td></tr>
<tr><td>实操人信息</td><td>姓名</td><td></td><td>性别</td></tr>
<tr><td>任务描述</td><td colspan="3">着装礼仪 □　站姿与蹲姿礼仪 □　行姿与坐姿礼仪 □　电话接听礼仪 □
电话回访礼仪 □　初次见面礼仪 □　引领礼仪 □　接待送别礼仪 □
餐桌礼仪 □　就餐礼仪 □　乘车礼仪 □　商务会议礼仪 □
其他：</td></tr>
<tr><td colspan="2">男士仪容仪表检查</td><td colspan="2">女士仪容仪表检查</td></tr>
<tr><td>发型发色</td><td rowspan="4"></td><td>发型发色</td><td rowspan="4"></td></tr>
<tr><td>仪容仪表</td><td>仪容仪表</td></tr>
<tr><td>着装</td><td>着装</td></tr>
<tr><td>其他</td><td>其他</td></tr>
<tr><td>明确具体工作任务</td><td colspan="3"></td></tr>
</table>

续表

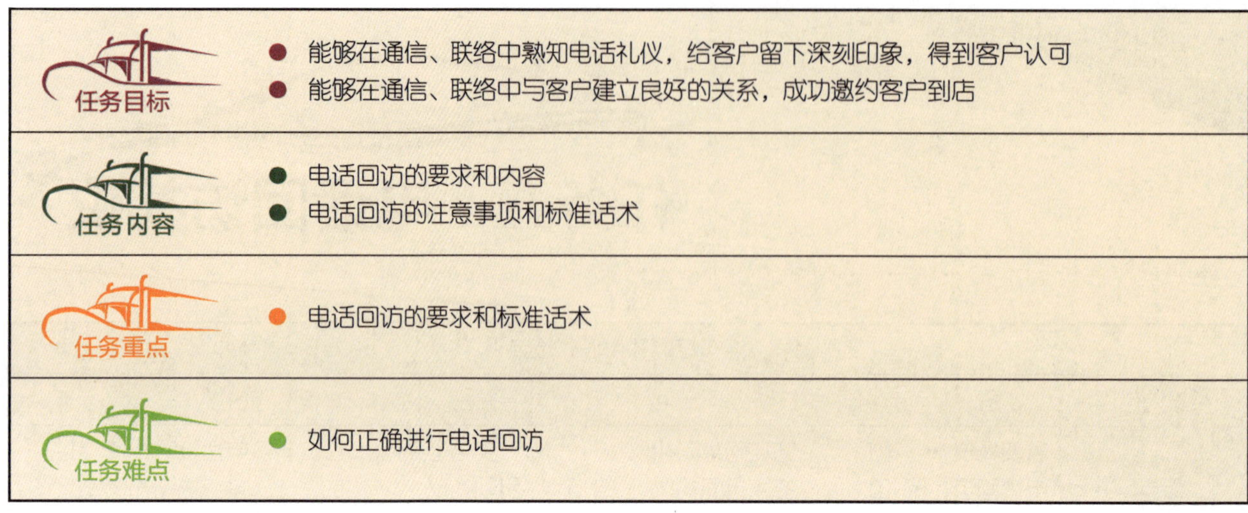

任务目标	● 能够在通信、联络中熟知电话礼仪，给客户留下深刻印象，得到客户认可 ● 能够在通信、联络中与客户建立良好的关系，成功邀约客户到店
任务内容	● 电话回访的要求和内容 ● 电话回访的注意事项和标准话术
任务重点	● 电话回访的要求和标准话术
任务难点	● 如何正确进行电话回访

一、电话回访礼仪

（一）知识讲解

在与客户进行电话回访时要注意以下事项：

（1）语言简洁，时间不要太长。

（2）用心倾听，多听少说。

（3）做好内容准备，对回访客户的情况要提前进行了解。

（4）目的要明确，内容要全面，总结要切实。

（二）任务分配（见表 5-1）

表 5-1　任务分配表

职务	代码	姓名	工作内容
组长	A		监督、管理、分配组员工作
组员	B		进行物品准备、实际演练
	C		
	D		
	E		
	F		

（三）任务实施

（1）根据知识讲解中所述内容，完成模拟练习任务。

（2）全班同学分为 5 组，每组选派 1 名组长，负责把控时间和分配任务。要求各组完成电话回访语言问题的设计，并向全班同学及教师展示。

（3）保持原分组状态不变，组内成员两两配合完成模拟练习，在一人练习时另一人仔细观察并纠正错误（见表 5-2）。

回访语言内容：

回访员：×× 先生 / 女士您好！我是 ××× 汽车服务站电话回访专员 ×××。您的爱车于 × 月 × 日在我服务站进行了一次维修保养，请问您现在方便接听电话吗？

客户：方便。

回访员：感谢您对我们工作的配合。针对您上次来我站进行维修保养，我们需要做一个简短的满意度评价，耽误您几分钟的时间可以吗？

客户：可以。

回访员：好的，谢谢您！

设计回访问题：

表 5-2 任务实施表

动作表现	实际结果	正确做法
与客户沟通时是否有礼貌、语言得体	是 □ 否 □	态度礼貌、语言得体
电话是否成功呼入	是 □ 否 □	耐心等待、不急不躁

（4）实战演练

1）保持原分组状态不变，进行实战演练。

2）组与组之间进行比赛，对手自选。

3）在对手组进行电话回访演练时，本组可以设计电话回访阻碍或是拒绝回访，以此来测试电话回访人员能否灵活应对（见表 5-3）。

表 5-3 实战演练

序号	实战演练过程中出现的问题
1	
2	
3	
4	
5	
6	

二、被客户拒绝电话回访时的礼仪

（一）知识讲解

当客户拒绝进行电话回访时应该询问客户拒绝的原因，如果客户是因为拨打时间不适宜，应第一时间向客户致歉，并询问客户方便接听回访电话的时间。

（二）任务实施

（1）根据知识讲解中所述内容，完成模拟练习任务。

（2）保持原分组状态不变，组内成员两两配合完成模拟练习，在一人练习时另一人仔细观察并纠正错误（见表 5-4）。

电话回访标准话术

回访员：×× 先生 / 女士您好！我是 ××× 汽车服务站电话回访专员 ×××。您的爱车于 × 月 × 日在我服务站进行了一次维修保养，请问您现在方便接听电话吗？

客户：我现在不太方便。

回访员：很抱歉打扰您，请您留下方便接听电话的时间，我们会在您方便的时候再次与您联系。感谢您对我们工作的大力支持，祝您工作愉快，开车一路顺风！

表 5-4　任务实施表

动作表现	实际结果	正确做法
与客户沟通时是否有礼貌、语言得体	是 □　否 □	态度礼貌、语言得体
电话是否成功呼入	是 □　否 □	耐心等待、不急不躁
面对客户拒绝的处理是否得体	是 □　否 □	耐心询问、礼貌道歉
是否成功预约下次通话时间	是 □　否 □	表明意图、礼貌预约

（3）实战演练

1）保持原分组状态不变，进行实战演练。

2）组与组之间进行比赛，对手自选。

3）在对手组演练时应仔细观察，找出错误或不合理之处，可以设定回访阻碍或者特殊情况，加大回访难度（见表 5-5）。

表 5-5　实战演练

序号	实战演练过程中出现的问题
1	
2	
3	

续表

序号	实战演练过程中出现的问题
4	
5	
6	

三、回访人员与送修人员不符时的电话回访礼仪

（一）知识讲解

当出现回访人员与送修人员不符时应该主动询问送修人员的联系方式，选择回访当日送修人员。

（二）任务实施

（1）根据知识讲解中所述内容，完成模拟练习任务。

（2）保持原分组状态不变，组内成员两两配合完成模拟练习，在一人练习时另一人仔细观察并纠正错误（见表 5–6）。

电话回访标准话术

回访员：×× 先生 / 女士您好！我是 ××× 汽车服务站电话回访专员 ×××。您的爱车于 × 月 × 日在我服务站进行了一次维修保养，请问您现在方便接听电话吗？

客户：我并没有送修车辆。

回访员：很抱歉打扰您，那请问您的车辆是不是由其他人员进行送修保养的？您方便告诉我们送修人的联系电话吗？我们需要对本次维修保养工作进行一次电话回访，感谢您的配合！

客户：好的！

表 5–6 任务实施表

动作表现	实际结果	正确做法
与客户沟通时是否有礼貌、语言得体	是 □ 否 □	态度礼貌、语言得体
电话是否成功呼入	是 □ 否 □	耐心等待、不急不躁
对方是否为送修客户本人	是 □ 否 □	耐心询问
是否成功联系到送修客户	是 □ 否 □	表明意图、礼貌预约

（3）实战演练

1）保持原分组状态不变，进行实战演练。

2）组与组之间进行比赛，对手自选。

3）在对手组演练时应仔细观察，找出错误或不合理之处，可以设定回访阻碍或者特殊情况，加大回访难度（见表 5–7）。

表 5-7　实战演练

序号	实战演练过程中出现的问题
1	
2	
3	
4	
5	
6	

四、客户出现不满情绪时的电话回访礼仪

（一）知识讲解

客户出现不满情绪时正确的做法是：

（1）积极做出响应并安抚客户情绪。

（2）不要急于反驳客户提出的问题。

（3）耐心倾听并做好记录，礼貌应对。

（4）即使客户的抱怨是无理取闹或者蛮不讲理，也不可以和客户发生争吵。

（二）任务实施

（1）根据知识讲解中所述内容，完成模拟练习任务。

（2）保持原分组状态不变，组内成员两两配合完成模拟练习，在一人练习时另一人仔细观察并纠正错误（见表 5-8）。

电话回访标准话术

回访员：×× 先生 / 女士您好！我是 ××× 汽车服务站电话回访专员 ×××。您的爱车于 × 月 × 日在我服务站进行了一次维修保养，请问您现在方便接听电话吗？

客户：有什么事情快说！（客户很不耐烦，语气很生硬）

回访员：很抱歉打扰您，我们需要对本次维修保养工作进行一次电话回访，感谢您的配合。

客户：我对于上次去你们服务站很不满意，你们还来做电话回访？我正想找你们呢！

回访员：请您不要着急，您对我们服务站的哪些服务不满意呢？请您告诉我，我一定会全面地记录，并帮您进行反馈。

客户：……（客户说了很多问题，而且说话态度很不好）

回访员：（依然面带微笑）好的，对于您所反馈的问题我已经进行了详细的记录，我会尽快向相关人员反馈，并会再次给您致电。对于您提出的问题我们会积极处理，感谢您能够提供这些信息，我们一定会努力改善。

表 5-8 任务实施表

动作表现	实际结果	正确做法
与客户沟通时是否有礼貌、语言得体	是□ 否□	态度礼貌、语言得体
电话是否成功呼入	是□ 否□	耐心等待、不急不躁
是否成功联系到送修客户	是□ 否□	表明意图、礼貌预约
客户是否有抱怨情绪	是□ 否□	耐心询问

（3）实战演练

1）保持原分组状态不变，进行实战演练。

2）组与组之间进行比赛，对手自选。

3）在对手组进行演练时，应仔细观察，找出错误或不合理之处，可以设定回访阻碍或者特殊情况，加大回访难度（见表 5–9）。

表 5-9 实战演练

序号	实战演练过程中出现的问题
1	
2	
3	
4	
5	
6	

五、不同类型客户的电话回访礼仪

（一）知识讲解

忠诚客户是对于我们所提供的服务十分满意，并且会持续来本服务站进行维修保养的客户。

（二）任务实施

（1）根据知识讲解中所述内容，完成模拟练习任务。

（2）要求各组完成电话回访语言问题的设计，并向全班同学及老师展示。

（3）保持原分组状态不变，组内成员两两配合完成模拟练习，在一人练习时另一人仔细观察并纠正错误（见表 5–10）。

回访语言内容：

回访员：×× 先生 / 女士您好！我是 ××× 汽车服务站电话回访专员 ×××。您的爱车于 × 月 × 日在我服务站进行了一次维修保养，请问您现在方便接听电话吗？

客户：方便。

回访员：感谢您对我们工作的配合，耽误您几分钟的时间做一个简短的满意度调查。

客户：好的。

设计回访问题：

回访员：（客户都是“一般满意”，却又没有提出任何问题）×× 先生 / 女士，请问您对于我们服务站是否还有其他的意见和建议呢？

客户：没有。

回访员：（依然面带微笑）针对我对您做的回访，您都是“一般满意”，不是“十分满意”，我相信我们肯定有一些地方做得不到位或是没有达到您的要求，我们诚挚地请您给我们提出宝贵的意见，以便于我们改进和提升！

客户：……（思索了一会儿，提出了几个问题）

回访员：十分感谢您提出问题，我们一定会及时反馈并改进。

表 5-10　任务实施表

动作表现	实际结果	正确做法
与客户沟通时是否有礼貌、语言得体	是 □　否 □	态度礼貌、语言得体
电话是否成功呼入	是 □　否 □	耐心等待、不急不躁
客户提出的问题是否及时记录	是 □　否 □	耐心聆听、及时记录

（4）实战演练

1）保持原分组状态不变，进行实战演练。

2）组与组之间进行比赛，对手自选。

3）在对手组进行电话回访演练时，应仔细观察，找出错误或不合理之处，可以设计回访阻碍或者特殊情况，加大回访难度（见表 5–11）。

表 5-11　实战演练

序号	实战演练过程中出现的问题
1	
2	
3	
4	
5	
6	

六、检查

（一）自检

结合本任务实施过程，检查相关表现和实战演练是否符合要求，将结果填入表 5-12 中。

表 5-12 自检

检查项目	结果
进行电话回访的话术是否标准、正确	是 □ 否 □
与客户进行电话回访时是否面带微笑、语态自然	是 □ 否 □
是否出现叫错客户姓名或表达不清的情况	是 □ 否 □
面对客户的拒绝和抱怨是否可以正确处理	是 □ 否 □

（二）互检

组与组之间进行相互检查，并把检查结果填写在表 5-13 中。

表 5-13 互检

检查项目	结果
进行电话回访的话术是否标准、正确	是 □ 否 □
与客户进行电话回访时是否面带微笑、语态自然	是 □ 否 □
是否出现叫错客户姓名或表达不清的情况	是 □ 否 □
面对客户的拒绝和抱怨是否可以正确处理	是 □ 否 □

七、课堂小结

任务六　初次见面礼仪

<table>
<tr><td colspan="5">汽车商务礼仪任务工单</td></tr>
<tr><td>实操人信息</td><td>姓名</td><td></td><td>性别</td><td></td></tr>
<tr><td>任务描述</td><td colspan="4">着装礼仪 □　站姿与蹲姿礼仪 □　行姿与坐姿礼仪 □　电话接听礼仪 □
电话回访礼仪 □　初次见面礼仪 □　引领礼仪 □　接待送别礼仪 □
餐桌礼仪 □　就餐礼仪 □　乘车礼仪 □　商务会议礼仪 □
其他：</td></tr>
</table>

男士仪容仪表检查		女士仪容仪表检查	
发型发色		发型发色	
仪容仪表		仪容仪表	
着装		着装	
其他		其他	

明确具体工作任务	

续表

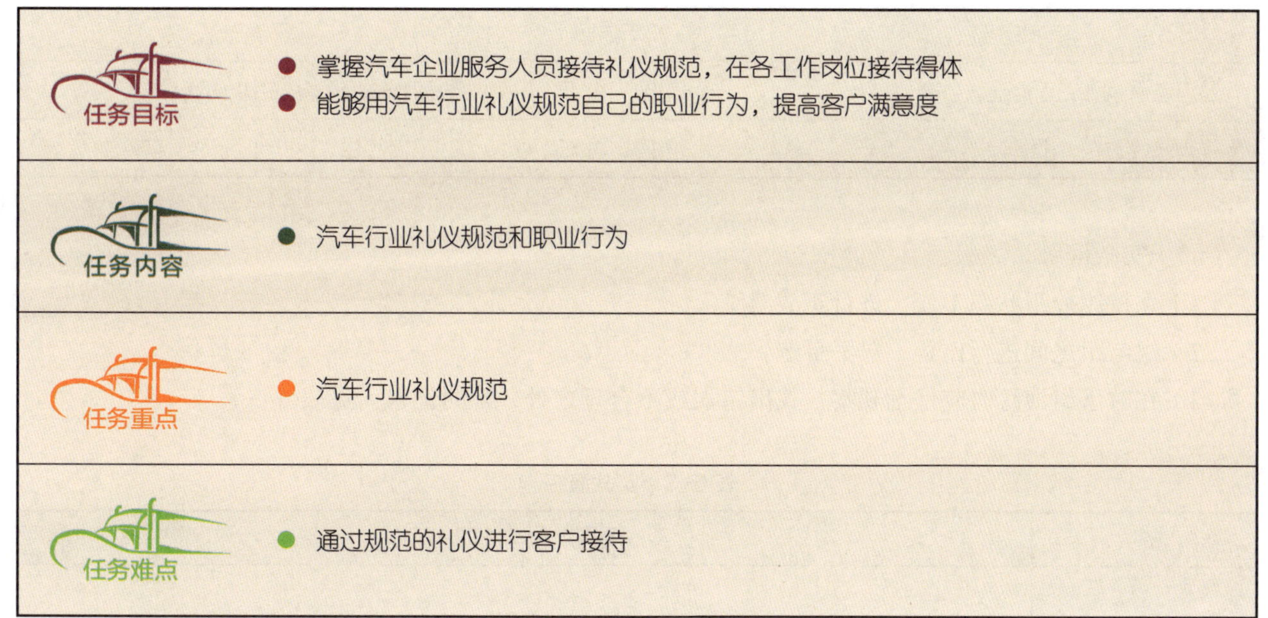

任务目标	● 掌握汽车企业服务人员接待礼仪规范，在各工作岗位接待得体 ● 能够用汽车行业礼仪规范自己的职业行为，提高客户满意度
任务内容	● 汽车行业礼仪规范和职业行为
任务重点	● 汽车行业礼仪规范
任务难点	● 通过规范的礼仪进行客户接待

一、接待客户礼仪

（一）知识讲解

（1）接待客户需要保持良好的精神状态，遇到客户时需要放慢步伐、点头、微笑，并保持适当的眼神接触，给客户营造一种轻松的氛围，以缓解其紧张情绪。

（2）当 4S 店客户来店在外泊车时，服务人员应向前指引，客户下车时应主动为客户开门并微笑问候。

（二）任务分配（见表 6-1）

表 6-1 任务分配表

职务	代码	姓名	工作内容
组长	A		监督、管理、分配组员工作
组员	B		进行物品准备、实际演练
	C		
	D		
	E		
	F		

（三）任务实施

（1）根据知识讲解中所述内容，完成模拟练习任务。

（2）全班同学分为 5 组，每组选派 1 名组长，负责把控时间和分配任务。组内成员两两配合完成模拟练习，在一人练习时另一人仔细观察并纠正错误（见表 6-2）。

表 6-2 任务实施表

动作表现	实际结果	正确做法
是否过于紧张，手心出汗	是 □ 否 □	放松心态，保持良好的精神状态
是否步伐过快，眼神过于呆滞	是 □ 否 □	放慢步伐，保持适当的眼神接触

（3）实战演练

1）保持原分组状态不变，进行实战演练。

2）组与组之间进行比赛，对手自选。

3）在对手组演练时应仔细观察，找出错误或不合理之处，随时记录（见表 6-3）。

表 6-3 实战演练

序号	实战演练过程中出现的问题
1	
2	
3	
4	
5	
6	

二、与客户握手礼仪

（一）知识讲解

握手常常伴随寒暄、致意，如表示你（您）好、欢迎、多谢、保重、再见等。握手礼含义很多，视情而定，分别表示相识、相见、告别、友好、祝贺、感谢、鼓励、支持、慰问等不同意义。

（1）握手方法

行握手礼时，不必相隔很远就伸直手臂，也不要距离太近。一般距离约一步左右，上身稍向前倾，伸出右手，四指齐并，拇指张开，双方伸出的手一握即可，不要相互攥着不放，也不要用力使劲。若和女士握手时，不要满手掌相触，而是轻握女士手指部位即可。

一定要用右手握手。握手时间一般以 1 ~ 3 s 为宜。过紧地握手或是只用手指部分漫不经心地接触对方的手都是不礼貌的。年轻者、职务低者被介绍给年长者、职务高者时，应根据年长者、职务高者的反应行事，即当年长者、职务高者用点头致意代替握手时，年轻者、职务低者也应随之点头致意。和女性握手时，一般男士不要先伸手。

握手时，年轻者与年长者、职务低者与职务高者都应稍稍欠身相握，有时为表示特别尊敬，可用双手迎握。男士与女士握手时，一般只宜轻轻握女士手指部位。男士握手时应脱帽，切忌戴手套握手。握手时双目应注视对方，微笑致意或问好，多人同时握手时应按顺序进行，切忌交叉握手。

在任何情况下拒绝对方主动要求握手的举动都是无礼的，但手上有水或不干净时，应谢绝握手，同时必须解释并致歉。

（2）握手顺序

一般遵循“位尊者先伸手”的原则。主人、长辈、上司、女士主动伸出手，客人、晚辈、下属、男士再相迎握手。长辈与晚辈之间，长辈伸手后，晚辈才能伸手相握；上下级之间，上级伸手后，下级才能接握；主人与客人之间，主人宜主动伸手；男女之间，女方伸出手后，男方才能伸手相握；如果男性年长，是女性的父辈年龄，在一般的社交场合中仍以女性先伸手为主，除非男性已是祖辈年龄，或女性未成年，则男性先伸手是适宜的。但无论什么人，如果他忽略了握手礼的先后次序而先伸手，对方都应回握。

（二）任务实施

（1）根据知识讲解中所述内容，完成模拟练习任务。

（2）保持原分组状态不变，组内成员两两配合完成模拟练习，在一人练习时另一人仔细观察并纠正错误（见表 6-4）。

表 6-4 任务实施表

模拟练习环境	动作要领
男士与男士握手	两人手掌相向，握住对方手掌，力度适中，上下摇晃，时间 3～5 s
女士与女士握手	两人手掌相向，握住对方手掌，力度适中，上下摇晃，时间 3～5 s
男士与女士握手	应只握女士的手指部分
与长辈或上级握手	要等长辈或上级伸出手之后，才能握住对方手掌；上身趋前，面带微笑
与客户握手	为表尊敬，与客户握手时应稍稍欠身或上身趋前，面带微笑

（3）实战演练

1）保持原分组状态不变，进行实战演练。

2）组与组之间进行比赛，对手自选。

3）在对手组演练时应仔细观察，找出错误或不合理之处，随时记录（见表 6-5）。

表 6-5 实战演练

序号	实战演练过程中出现的问题
1	
2	
3	
4	
5	
6	

三、递送名片礼仪

（一）知识讲解

（1）递送名片顺序

一般是地位低者先向地位高者递名片，男士先向女士递名片。当对方不止一人时，应先将名片递给职务较高或年龄较大者；或者由近至远处递，依次进行，切勿跳跃式地递送，以免对方误认为有厚此薄彼之感。

（2）递送名片方法

向对方递送名片时，应面带微笑，稍欠身，注视对方，将名片正面对着对方，用双手的拇指和食指分别持握名片上端的两角送给对方。如果对方是坐着的，应当起立或欠身递送。递送时可以说一些："我是 ××，这是我的名片，请笑纳。""我的名片，请您收下。""这是我的名片，请多关照。"之类的客气话。在递送名片时，切忌目光游离或漫不经心。

（3）接受名片的礼节

接受他人递过来的名片时，应尽快起身或欠身，面带微笑，用双手的拇指和食指接住名片的下方两角，态度也要毕恭毕敬，使对方感到你对名片很感兴趣，接到名片时要认真地看一下，可以说："谢谢！""能得到您的名片，真是十分荣幸！"等，然后郑重地放入自己的口袋、名片夹或其他稳妥的地方。切忌接过对方的名片一眼不看就随手放在一边，也不要在手中随意玩弄，否则会伤害对方的自尊，影响彼此的交往。

（二）任务实施

（1）根据知识讲解中所述内容，完成模拟练习任务。

（2）保持原分组状态不变，组内成员两两配合完成模拟练习，在一人练习时另一人仔细观察并纠正错误（见表 6–6）。

表 6–6　任务实施表

动作表现	实际结果	正确做法
是否单手接过名片	是 □　否 □	双手拇指和食指接住名片下方两角
名片是否破损、脏污	是 □　否 □	名片完整、整洁

（3）实战演练

1）保持原分组状态不变，进行实战演练。

2）组与组之间进行比赛，对手自选。

3）在对手组演练时应仔细观察，找出错误或不合理之处，随时记录（见表 6–7）。

表 6–7　实战演练

序号	实战演练过程中出现的问题
1	
2	

续表

序号	实战演练过程中出现的问题
3	
4	
5	
6	

四、自我介绍礼仪

（一）知识讲解

在工作中遇到客户时，可自己充当介绍人，将自己介绍给对方。介绍内容包括欢迎语、本人姓名、担负职务或从事的具体工作等。例如：您好，欢迎光临 ××4S 店，我是 ××，是销售顾问。

自我介绍基本要求：

（1）声音洪亮，吐字清晰，眼睛看着对方的眼睛和鼻子之间，切忌眼睛一直盯着对方的眼睛，这样显得很不礼貌。

（2）语速适中，过快、过慢、含糊不清都会影响对方的判断。

（3）女士尽量化淡妆；男士要干净、清新。

（4）态度真诚自然，不傲慢、不做作。

（5）控制时间，不宜过长，简短明了。

（二）任务实施

（1）根据知识讲解中所述内容，完成模拟练习任务。

（2）保持原分组状态不变，组内成员两两配合完成模拟练习，在一人练习时另一人仔细观察并纠正错误（见表 6-8）。

表 6-8 任务实施表

动作表现	实际结果	正确做法
是否介绍时间过长、比较啰唆	是 □ 否 □	不宜过长，简短明了
是否语速过快、语音不清	是 □ 否 □	语速正常，语音清晰

（3）实战演练

1）保持原分组状态不变，进行实战演练。

2）组与组之间进行比赛，对手自选。

3）在对手组演练时应仔细观察，找出错误或不合理之处，随时记录（见表 6-9）。

表 6-9 实战演练

序号	实战演练过程中出现的问题
1	
2	

续表

序号	实战演练过程中出现的问题
3	
4	
5	
6	

五、检查

（一）自检

结合本任务实施过程，检查相关表现和实战演练是否符合要求，将结果填入表 6-10 中。

表 6-10　自检

检查项目	结果
初次见面迎接客户的礼仪是否符合规范	是 □　否 □
男女握手礼仪是否符合规范	是 □　否 □
相互递接名片礼仪是否符合规范	是 □　否 □
见面时的礼仪是否符合规范	是 □　否 □

（二）互检

组与组之间进行相互检查，并把检查结果填写在表 6-11 中。

表 6-11　互检

检查项目	结果
初次见面迎接客户的礼仪是否符合规范	是 □　否 □
男女握手礼仪是否符合规范	是 □　否 □
相互递接名片礼仪是否符合规范	是 □　否 □
见面时的礼仪是否符合规范	是 □　否 □

六、课堂小结

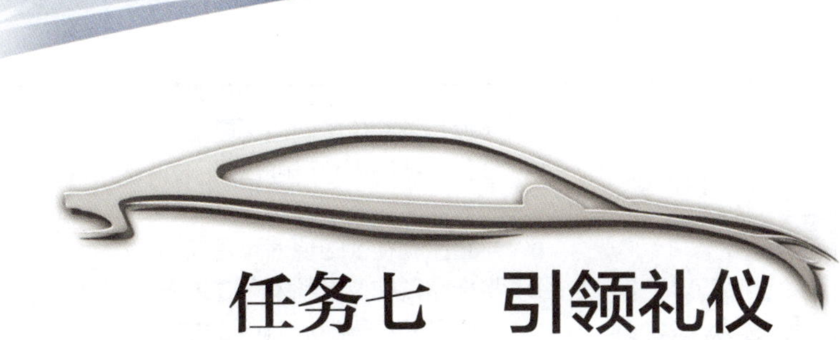

任务七　引领礼仪

<table>
<tr><td colspan="6">汽车商务礼仪任务工单</td></tr>
<tr><td>实操人信息</td><td>姓名</td><td colspan="2"></td><td>性别</td><td></td></tr>
<tr><td>任务描述</td><td colspan="5">着装礼仪 □　站姿与蹲姿礼仪 □　行姿与坐姿礼仪 □　电话接听礼仪 □
电话回访礼仪 □　初次见面礼仪 □　引领礼仪 □　接待送别礼仪 □
餐桌礼仪 □　就餐礼仪 □　乘车礼仪 □　商务会议礼仪 □
其他：</td></tr>
<tr><td colspan="3">男士仪容仪表检查</td><td colspan="3">女士仪容仪表检查</td></tr>
<tr><td>发型发色</td><td colspan="2" rowspan="4"></td><td>发型发色</td><td colspan="2" rowspan="4"></td></tr>
<tr><td>仪容仪表</td><td>仪容仪表</td></tr>
<tr><td>着装</td><td>着装</td></tr>
<tr><td>其他</td><td>其他</td></tr>
<tr><td>明确具体工作任务</td><td colspan="5"></td></tr>
</table>

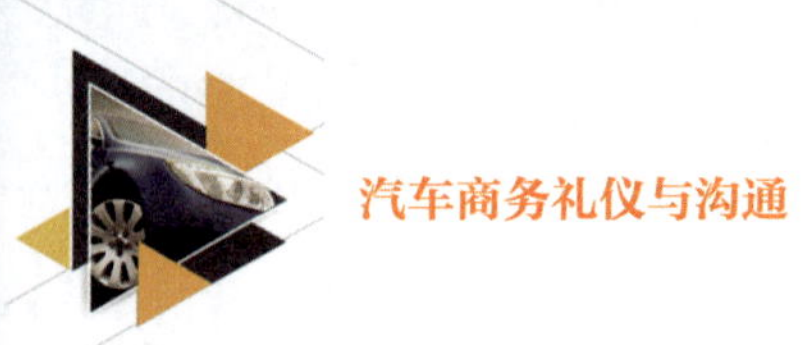

续表

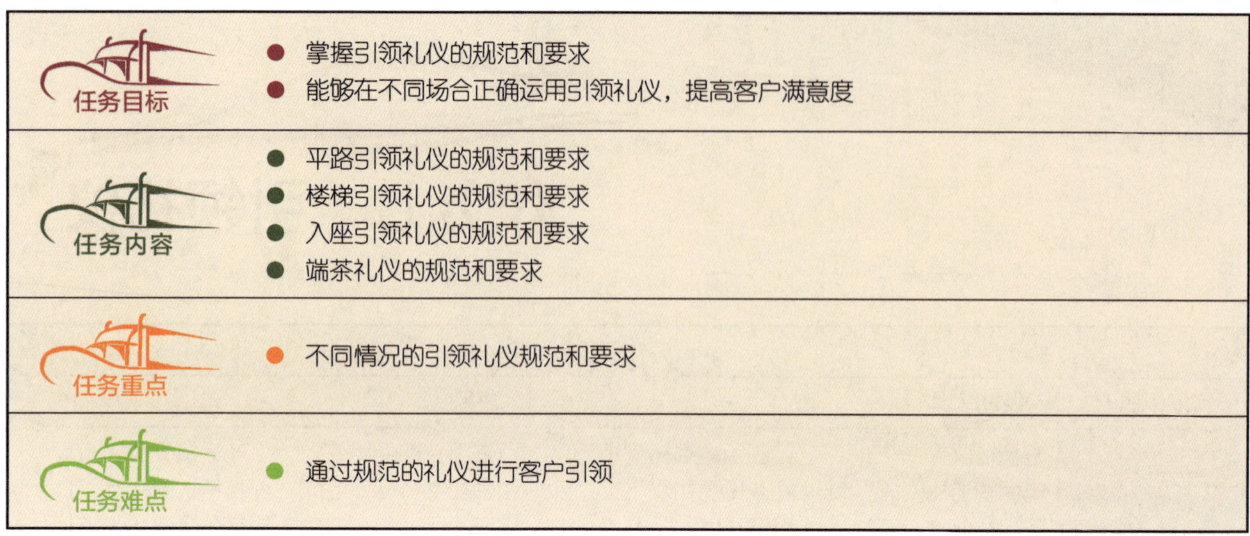

任务目标	● 掌握引领礼仪的规范和要求 ● 能够在不同场合正确运用引领礼仪，提高客户满意度
任务内容	● 平路引领礼仪的规范和要求 ● 楼梯引领礼仪的规范和要求 ● 入座引领礼仪的规范和要求 ● 端茶礼仪的规范和要求
任务重点	● 不同情况的引领礼仪规范和要求
任务难点	● 通过规范的礼仪进行客户引领

一、平路引领礼仪

（一）知识讲解

接待人员应懂得基本的引导礼仪，带领顾客到达目的地应采用正确的引导方法和引导姿势。

引导顾客时，需注意行走的速度，行走时位于宾客的侧前方 2 ~ 3 步。在几步远的情况下，需一直保持指引手势；如果距离较远，行走的时候就可以正常行走，到位后，需再次示意。在引领入座时，手位要放低。

引导过程中，女性的标准礼仪是手臂内收，然后手尖倾斜上推，手不是完全张开的，虎口微微并拢，平时手放在腰间；男性要体现绅士风度，手势要夸张一点，手向外推。同时，站姿要标准，身体不能倾斜。

（二）任务分配（见表 7–1）

表 7–1　任务分配表

职务	代码	姓名	工作内容
组长	A		监督、管理、分配组员工作
组员	B		进行物品准备、实际演练
	C		
	D		
	E		
	F		

（三）任务实施

（1）根据知识讲解中所述内容，完成模拟练习任务。

（2）全班同学分为 5 组，每组选派 1 名组长，负责把控时间和分配任务。组内成员两两配合完成模拟练习，在一人练习时另一人仔细观察并纠正错误（见表 7–2）。

表 7–2　任务实施表

动作表现	实际结果	正确做法
在引领的过程中，手臂是否过低	是 □　否 □	在引领的过程中，手臂要到位
男性接待员站姿是否倾斜	是 □　否 □	男性接待员站姿要标准，身体不能倾斜

（3）实战演练

1）保持原分组状态不变，进行实战演练。

2）组与组之间进行比赛，对手自选。

3）在对手组演练时应仔细观察，找出错误或不合理之处，随时记录（见表 7–3）。

表 7–3　实战演练

序号	实战演练过程中出现的问题
1	
2	
3	
4	
5	
6	

二、楼梯引领礼仪

（一）知识讲解

上楼梯的引领比较复杂，要掌握的原则是客人在右，而且在上楼时，客人要始终处在楼梯的高处，因为一旦有失足情况发生，可以提供保护。楼梯引领时要面带微笑、谦和行礼、手势指引、注意提醒。上楼时，应该是男士走在女士的前面，尊者在前，长者在前。

（二）任务实施

（1）根据知识讲解中所述内容，完成模拟练习任务。

（2）保持原分组状态不变，组内成员两两配合完成模拟练习，在一人练习时另一人仔细观察并纠正错误（见表 7–4）。

表 7–4　任务实施表

动作表现	实际结果	正确做法
乘坐手扶电梯时，服务人员是否先上	是 □　否 □	乘坐手扶电梯时，让客人先上
乘坐手扶电梯时，是否随意站在客人的某个方位	是 □　否 □	乘坐手扶电梯时，站在客人的下方

（3）实战演练

1）保持原分组状态不变，进行实战演练。

2）组与组之间进行比赛，对手自选。

3）在对手组演练时应仔细观察，找出错误或不合理之处，随时记录（见表 7–5）。

表 7–5　实战演练

序号	实战演练过程中出现的问题
1	
2	
3	
4	
5	
6	

三、入座引领礼仪

（一）知识讲解

（1）引领宾客时，需注意行走速度，行走时位于宾客的侧前方 2 ~ 3 步，随着宾客的步伐而保持适当的行走速度。

（2）在几步远的情况下，需一直保持指引手势；如果距离较远，可以在最开始的时候示意，中途正常行走即可，转弯处用手告知，到位后，需再次示意。引领入座时，手位要放低。

（3）入座时要放慢速度，放轻动作，尽量不要使座椅乱响。

（二）任务实施

（1）根据知识讲解中所述内容，完成模拟练习任务。

（2）保持原分组状态不变，组内成员两两配合完成模拟练习，在一人练习时另一人仔细观察并纠正错误（见表 7–6）。

表 7–6　任务实施表

动作表现	实际结果	正确做法
入座后是否跷起二郎腿	是 □　否 □	入座后不得跷起二郎腿
入座时是否速度过快	是 □　否 □	入座时要放慢速度，放轻动作

（3）实战演练

1）保持原分组状态不变，进行实战演练。

2）组与组之间进行比赛，对手自选。

3）在对手组演练时应仔细观察，找出错误或不合理之处，随时记录（见表 7–7）。

表 7–7 实战演练

序号	实战演练过程中出现的问题
1	
2	
3	
4	
5	
6	

四、端茶礼仪

（一）知识讲解

（1）茶具要清洁

冲茶之前，一定要把茶具洗干净，尤其是久置未用的茶具，难免沾上灰尘、污垢，更要细心地用清水洗刷一遍。若用一次性杯子，在倒茶前要注意给一次性杯子套上杯托，以免烫手。

（2）茶水要适量

茶叶不宜过多，也不宜太少。茶叶过多，茶味过浓；茶叶太少，冲出的茶没味道。倒茶时不宜倒得太满，太满容易溢出，可能会烫伤自己或客人的手脚；也不宜倒得太少，若茶水只遮过杯底，会使人觉得不够诚心实意。

（3）端茶要得法

应用双手给客人端茶，用带杯把的茶杯时，通常是一只手拿住杯耳，另一只手托住杯底，杯把朝向客人，把茶端给客人。

（二）任务实施

（1）根据知识讲解中所述内容，完成模拟练习任务。

（2）保持原分组状态不变，组内成员两两配合完成模拟练习，在一人练习时另一人仔细观察并纠正错误（见表 7–8）。

表 7–8 任务实施表

动作表现	实际结果	正确做法
茶杯是否带杯把，杯把方向是否很随意	是 □ 否 □	茶杯带杯把，杯把朝向客户
递水时，双腿是否并拢	是 □ 否 □	递水时，双腿一前一后

（3）实战演练

1）保持原分组状态不变，进行实战演练。

2）组与组之间进行比赛，对手自选。

3）在对手组演练时应仔细观察，找出错误或不合理之处，随时记录（见表 7–9）。

表 7-9　实战演练

序号	实战演练过程中出现的问题
1	
2	
3	
4	
5	
6	

五、检查

（一）自检

结合本任务实施过程，检查相关表现和实战演练是否符合要求，将结果填入表 7-10 中。

表 7-10　自检

检查项目	结果
平路引领礼仪是否符合规范	是 □　否 □
楼梯引领礼仪是否符合规范	是 □　否 □
入座引领礼仪是否符合规范	是 □　否 □
端茶礼仪是否符合规范	是 □　否 □

（二）互检

组与组之间进行相互检查，并把检查结果填写在表 7-11 中。

表 7-11　互检

检查项目	结果
平路引领礼仪是否符合规范	是 □　否 □
楼梯引领礼仪是否符合规范	是 □　否 □
入座引领礼仪是否符合规范	是 □　否 □
端茶礼仪是否符合规范	是 □　否 □

六、课堂小结

____

____

____

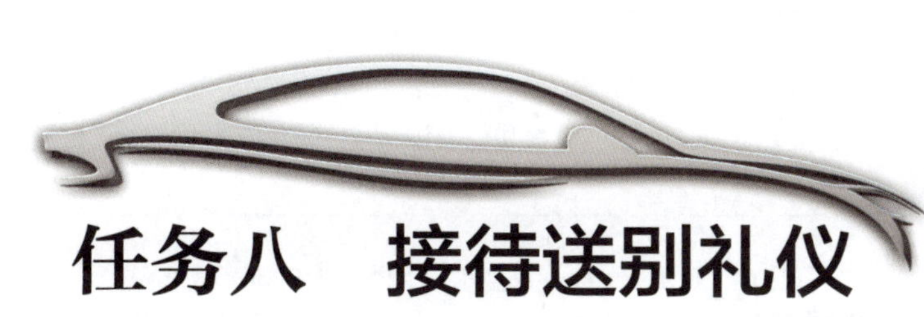

任务八　接待送别礼仪

<table>
<tr><th colspan="5">汽车商务礼仪任务工单</th></tr>
<tr><td>实操人信息</td><td>姓名</td><td></td><td>性别</td><td></td></tr>
<tr><td>任务描述</td><td colspan="4">着装礼仪 □　站姿与蹲姿礼仪 □　行姿与坐姿礼仪 □　电话接听礼仪 □
电话回访礼仪 □　初次见面礼仪 □　引领礼仪 □　接待送别礼仪 □
餐桌礼仪 □　就餐礼仪 □　乘车礼仪 □　商务会议礼仪 □
其他：</td></tr>
</table>

<table>
<tr><th colspan="2">男士仪容仪表检查</th><th colspan="2">女士仪容仪表检查</th></tr>
<tr><td>发型发色</td><td rowspan="4"></td><td>发型发色</td><td rowspan="4"></td></tr>
<tr><td>仪容仪表</td><td>仪容仪表</td></tr>
<tr><td>着装</td><td>着装</td></tr>
<tr><td>其他</td><td>其他</td></tr>
<tr><td>明确具体
工作任务</td><td colspan="3"></td></tr>
</table>

续表

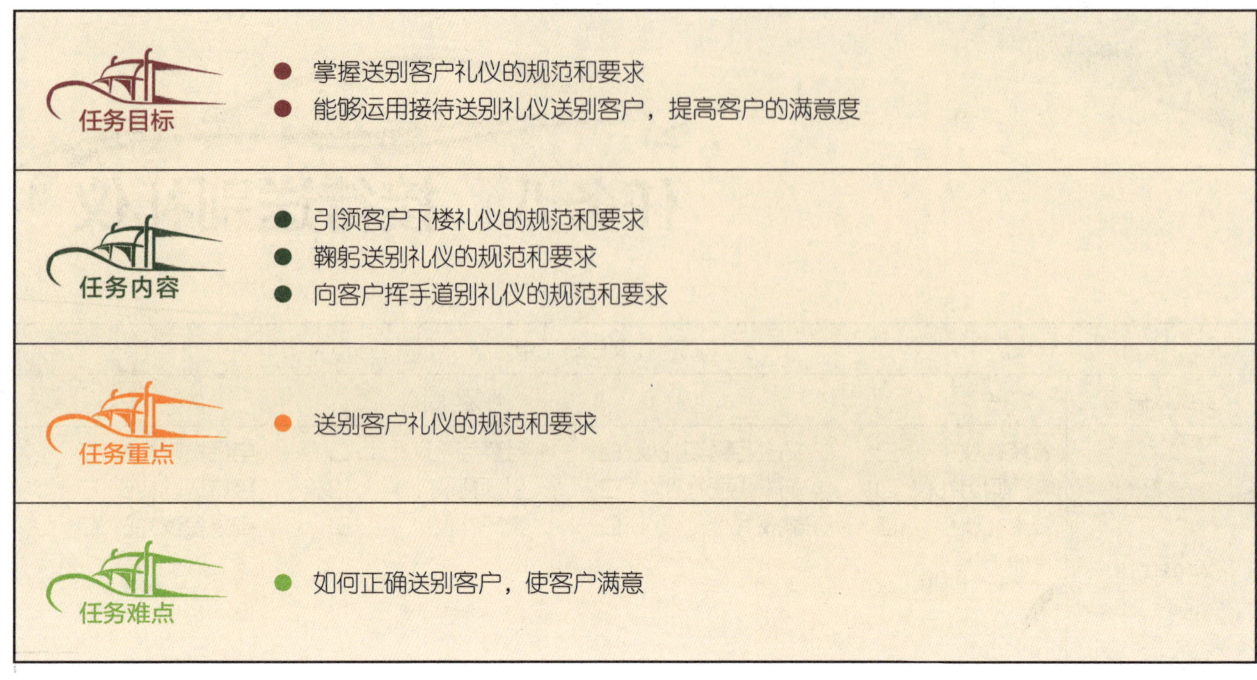

任务目标	● 掌握送别客户礼仪的规范和要求 ● 能够运用接待送别礼仪送别客户，提高客户的满意度
任务内容	● 引领客户下楼礼仪的规范和要求 ● 鞠躬送别礼仪的规范和要求 ● 向客户挥手道别礼仪的规范和要求
任务重点	● 送别客户礼仪的规范和要求
任务难点	● 如何正确送别客户，使客户满意

一、引领客户下楼礼仪

（一）知识讲解

在上下楼梯时，均应单行行走，如果楼梯较宽，可并排行走，但最多不要超过两人。注意要靠右侧行走，左侧是留给有急事的人通过的。在引导尊长、客人上下楼梯时，出于安全的需要，下楼时应走在尊长、客人的前方不超过三个台阶。

（二）任务分配（见表 8–1）

表 8–1　任务分配表

职务	代码	姓名	工作内容
组长	A		监督、管理、分配组员工作
组员	B		进行物品准备、实际演练
	C		
	D		
	E		
	F		

（三）任务实施

（1）根据知识讲解中所述内容，完成模拟练习任务。

（2）全班同学分为 5 组，每组选派 1 名组长，负责把控时间和分配任务。组内成员两两配合完成练习，在一人练习时另一人仔细观察并纠正错误（见表 8–2）。

表 8-2 任务实施表

动作表现	实际结果	正确做法
下普通楼梯时，是否走在客户后面	是 □ 否 □	下普通楼梯时，走在客户左前方不超过三个台阶
下手扶电梯时，是否走在客户后面	是 □ 否 □	下手扶电梯时，走在客户左前方不超过三个台阶

（3）实战演练

1）保持原分组状态不变，进行实战演练。

2）组与组之间进行比赛，对手自选。

3）在对手组演练时应仔细观察，找出错误或不合理之处，随时记录（见表 8-3）。

表 8-3 实战演练

序号	实战演练过程中出现的问题
1	
2	
3	
4	
5	
6	

二、鞠躬送别礼仪

（一）知识讲解

（1）行鞠躬礼时要面对客户，并拢双脚，视线由对方脸上落至自己的脚前 1.5 m 处（15° 礼）、脚前 1 m 处（30° 礼）或脚前 0.4 m 处（60° 礼）。男性双手放在身体两侧，女性双手合起放在身体前面。

（2）鞠躬时，必须伸直腰背、脚跟靠拢、双脚尖处微微分开，然后将上身由腰开始向前弯曲。

（3）鞠躬时，弯腰速度适中，之后抬头直腰，动作要慢。

（4）鞠躬时，如戴着帽子，应将帽子摘下。

（5）鞠躬时，目光应向下看，表示一种谦恭的态度，不要一面鞠躬，一面试图翻起眼睛看对方。

（二）任务实施

（1）根据知识讲解中所述内容，完成模拟练习任务。

（2）保持原分组状态不变，组内成员两两配合完成模拟练习，在一人练习时另一人仔细观察并纠正错误（见表 8-4）。

表 8-4 任务实施表

动作表现	实际结果	正确做法
行鞠躬礼时是否面对客户，是否并拢双脚	是 □ 否 □	行鞠躬礼时面对客户，并拢双脚
行鞠躬礼时上身向前弯曲是否配合语言	是 □ 否 □	行鞠躬礼时上身向前弯曲应配合语言

（3）实战演练

1）保持原分组状态不变，进行实战演练。

2）组与组之间进行比赛，对手自选。

3）在对手组演练时应仔细观察，找出错误或不合理之处，随时记录（见表 8–5）。

表 8–5　实战演练

序号	实战演练过程中出现的问题
1	
2	
3	
4	
5	
6	

三、向客户挥手道别礼仪

（一）知识讲解

挥手道别时的注意事项：

（1）身体站直，不要摇晃和走动；目视对方，不要东张西望、眼看别处。

（2）用右手，也可双手并用，不要只用左手挥动；手臂尽力向上前方伸，不要伸得太低或过分弯曲。

（3）掌心向外，指尖朝上，手臂向左右挥动。

（4）挥双手道别时，两手同时由外侧向内侧挥动，不要上下摇动或举而不动。

（二）任务实施

（1）根据知识讲解中所述内容，完成模拟练习任务。

（2）保持原分组状态不变，组内成员两两配合完成模拟练习，在一人练习时另一人仔细观察并纠正错误（见表 8–6）。

表 8–6　任务实施表

动作表现	实际结果	正确做法
站立时是否摇晃、走动	是□　否□	身体站直，不要摇晃和走动
站立时是否东张西望	是□　否□	站立时不能东张西望

（3）实战演练

1）保持原分组状态不变，进行实战演练。

2）组与组之间进行比赛，对手自选。

3）在对手组演练时应仔细观察，找出错误或不合理之处，随时记录（见表 8–7）。

表 8-7 实战演练

序号	实战演练过程中出现的问题
1	
2	
3	
4	
5	
6	

四、检查

（一）自检

结合本任务实施过程，检查相关表现和实战演练是否符合要求，将结果填入表 8-8 中。

表 8-8 自检

检查项目	结果
引领客户下楼梯礼仪是否符合规范	是□ 否□
向客户鞠躬送别礼仪是否符合规范	是□ 否□
向客户挥手道别礼仪是否符合规范	是□ 否□

（二）互检

组与组之间进行相互检查，并把检查结果填写在表 8-9 中。

表 8-9 互检

检查项目	结果
引领客户下楼梯礼仪是否符合规范	是□ 否□
向客户鞠躬送别礼仪是否符合规范	是□ 否□
向客户挥手道别礼仪是否符合规范	是□ 否□

五、课堂小结

情境三

高阶商务礼仪

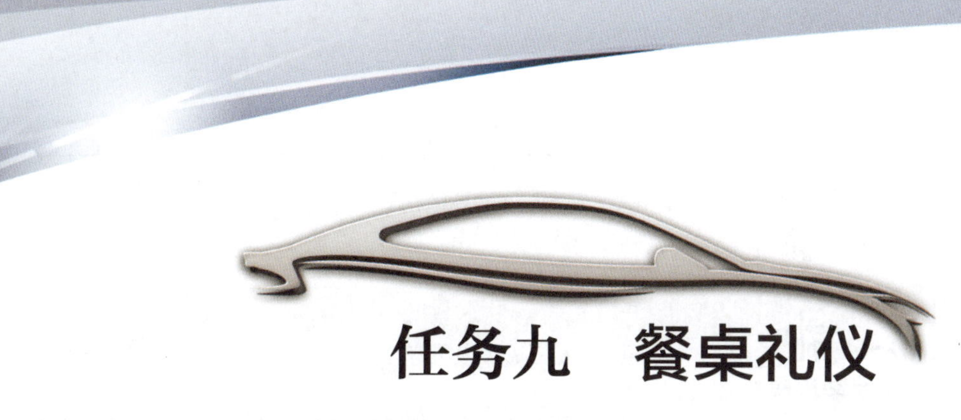

任务九　餐桌礼仪

<table>
<tr><td colspan="4">汽车商务礼仪任务工单</td></tr>
<tr><td>实操人信息</td><td>姓名</td><td></td><td>性别</td></tr>
<tr><td>任务描述</td><td colspan="3">着装礼仪 □　站姿与蹲姿礼仪 □　行姿与坐姿礼仪 □　电话接听礼仪 □
电话回访礼仪 □　初次见面礼仪 □　引领礼仪 □　接待送别礼仪 □
餐桌礼仪 □　就餐礼仪 □　乘车礼仪 □　商务会议礼仪 □
其他：</td></tr>
<tr><td colspan="2">男士仪容仪表检查</td><td colspan="2">女士仪容仪表检查</td></tr>
<tr><td>发型发色</td><td></td><td>发型发色</td><td></td></tr>
<tr><td>仪容仪表</td><td></td><td>仪容仪表</td><td></td></tr>
<tr><td>着装</td><td></td><td>着装</td><td></td></tr>
<tr><td>其他</td><td></td><td>其他</td><td></td></tr>
<tr><td>明确具体工作任务</td><td colspan="3"></td></tr>
</table>

续表

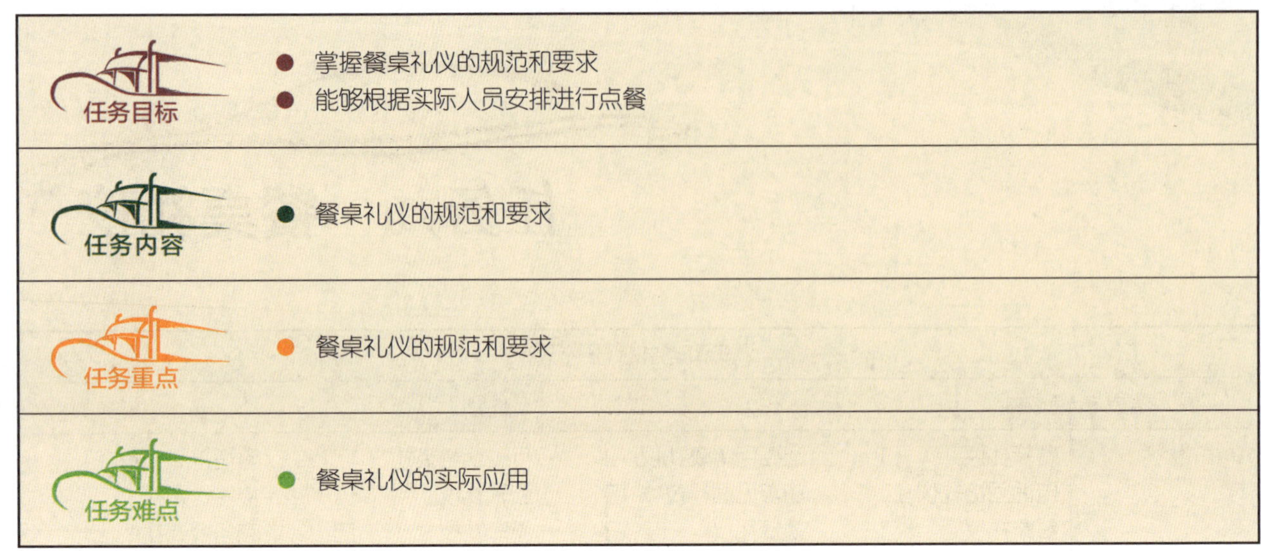

任务目标	● 掌握餐桌礼仪的规范和要求 ● 能够根据实际人员安排进行点餐
任务内容	● 餐桌礼仪的规范和要求
任务重点	● 餐桌礼仪的规范和要求
任务难点	● 餐桌礼仪的实际应用

一、中餐餐桌礼仪

（一）知识讲解

（1）中餐座次

中餐的正式宴请关于位次的礼仪十分重要。无论南方还是北方，主座都是面对正门的位置，且离门最远。其他位次的尊卑遵循的原则是桌子离主人桌越近，桌次越尊贵，座位离主人越近，位次越尊贵。对每桌次就餐人数也有限制，最好不超过十人，并且就餐人数的安排喜双不喜单。

（2）用中餐的礼仪要求

1）上菜后，不要先拿筷，应等主人邀请，主宾拿筷时再拿筷。取菜时要相互礼让，依次进行，不要争抢，取菜要适量。

2）为表示友好、热情，彼此之间可以让菜，劝对方品尝，但不要为他人布菜，不要擅自做主，不论对方是否喜欢，不要主动为其夹菜、添饭，以免让人家为难。

3）不要挑菜。取菜时，要看准后夹住立即取走，不能夹起来又放下，或取回来又放回去。

4）中餐的主要进餐工具是筷子，要掌握标准的握筷姿势，过高或过低握筷，或者变换指法握筷都是不规范的。在使用筷子夹菜时不要在菜肴上乱挥动，不要用筷子穿刺菜肴，不要将筷子含在口中，不要让菜汤滴下来，不要用筷子去搅菜，不要把筷子当牙签，不要用筷子指点别人。需要使用汤匙时，应先将筷子放下。

5）进餐要文雅，不要狼吞虎咽，每次进口的食物不可过大。在品尝已入口的食物与饮料时，要细嚼慢品，最好把嘴巴闭起来，以免发出声响。喝汤时，如汤太热，可稍等一段时间或用汤勺，切勿用嘴去吹。食物或饮料一经入口，除非是骨头、鱼刺、菜渣等，一般不宜再吐出来。需要处理骨刺时，不要直接外吐，可用餐巾掩嘴，用筷子取出放在自己的餐盘或备用盘里，勿置桌上。口中有食物，勿张口说话，如别人问话，要等食物咽下后再回话。整个进餐过程中，要热情与同桌人员交谈，眼睛不要老盯着餐桌。

6）正式宴会中，不宜当众使用牙签，更不可用指甲剔除牙缝中的食物，如果感觉有必要时，可以

直接到洗手间去除掉。

（二）任务分配（见表 9-1）

表 9-1 任务分配表

职务	代码	姓名	工作内容
组长	A		监督、管理、分配组员工作
组员	B		进行物品准备、实际演练
	C		
	D		
	E		
	F		

（三）任务实施

（1）根据知识讲解中所述内容，完成模拟练习任务。

（2）全班同学分为 5 组，每组选派 1 名组长，负责把控时间和分配任务。组内成员两两配合完成练习，在一人练习时另一人仔细观察并纠正错误（见表 9-2）。

表 9-2 任务实施表

动作表现	实际结果	正确做法
主座是否在离门口最远的正中央位置	是 □ 否 □	主座应该在离门口最远的正中央位置
主座的对面是否是邀请的客人	是 □ 否 □	主座的对面是邀请人的助理或副手

（3）实战演练

1）保持原分组状态不变，进行实战演练。

2）组与组之间进行比赛，对手自选。

3）在对手组演练时应仔细观察，找出错误或不合理之处，随时记录（见表 9-3）。

表 9-3 实战演练

序号	实战演练过程中出现的问题
1	
2	
3	
4	
5	
6	

二、西餐餐桌礼仪

（一）知识讲解

在西餐宴会上，人们所用的餐桌有长桌、方桌和圆桌等，不过最常见、最正规的西餐桌当属长桌。西方人非常重视餐桌礼仪，越是正式的场合，座次安排就显得越重要。

（1）西餐座次礼仪

以长桌排位时，一般有两种方法，一种是男女主人在长桌中央对面而坐，餐桌两端可以坐人；另一种是男女主人分别就座于长桌的两端。有的时候如果用餐者人数较多，还可以把长桌拼成其他图案，以便安排大家一起用餐。

宴请客人，一般主陪在面对房门的位置，副主陪在主陪的对面，1 号客人在主陪的右手，2 号客人在主陪的左手，3 号客人在副主陪的右手一侧，4 号客人在副主陪的左手一侧，其他可以随意。以上主陪的位置是按普通宴席掌握，如果场景有特殊因素，应视具体情况而定。

（2）座次原则

1）女士优先：在西餐礼仪里，女士处处受到尊重。在排定用餐位次时，主位一般应请女主人就座，而男主人则须退居第二主位。若两位男士陪同一位女士就餐，女士应坐在两位男士中间。

2）以右为尊：在排定位次时，以右为尊仍然是基本原则，就某一特定位置而言，其右侧之位高于其左侧之位。

3）恭敬主宾：在西餐礼仪里，主宾极受尊重。即使用餐的来宾中有人在地位、身份、年纪等方面高于主宾，但主宾仍然是主人关注的中心。在排定位次时，应请男、女主宾分别紧靠女主人和男主人就座，以便受到较多照顾。

4）面门为上：面门为上有时又称迎门为上，意思是指面对餐厅正门的位子，通常在排位次的序列上要高于背对餐厅正门的位子。

5）交叉排列：正式一些的西餐宴会一向被视为交际场合，所以在排列位次时，男女应当交叉排列，生人与熟人也应当交叉排列。一个用餐者的对面和两侧往往是异性，而且还有可能不熟悉或者不认识。这样做的最大好处是可以广交新朋友，同时也要求参加餐会者最好是双数，并且男女人数各半。

6）距离定位：一般来说，西餐桌上位次的尊卑也跟中餐一样，往往与其距离主位的远近密切相关。通常情况下，距主位近的座位高于距主位远的座位。

（二）任务实施

（1）根据知识讲解中所述内容，完成模拟练习任务。

（2）保持原分组状态不变，组内成员两两配合完成模拟练习，在一人练习时另一人仔细观察并纠正错误（见表 9–4）。

表 9–4　任务实施表

动作表现	实际结果	正确做法
男女就餐时，女士是否坐在男士的左面	是 □　否 □	男女就餐时，女士坐在男士的右面
两位男士陪同一位女士就餐，女士是否坐在最里面	是 □　否 □	两位男士陪同一位女士就餐，女士应坐在两位男士的中间

（3）实战演练

1）保持原分组状态不变，进行实战演练。

2）组与组之间进行比赛，对手自选。

3）在对手组演练时应仔细观察，找出错误或不合理之处，随时记录（见表 9–5）。

表 9–5 实战演练

序号	实战演练过程中出现的问题
1	
2	
3	
4	
5	
6	

三、检查

（一）自检

结合本任务实施过程，检查相关表现和实战演练是否符合要求，将结果填入表 9–6 中。

表 9–6 自检

检查项目	结果
中餐餐桌礼仪是否符合规范	是□ 否□
西餐餐桌礼仪是否符合规范	是□ 否□

（二）互检

组与组之间进行相互检查，并把检查结果填写在表 9–7 中。

表 9–7 互检

检查项目	结果
中餐餐桌礼仪是否符合规范	是□ 否□
西餐餐桌礼仪是否符合规范	是□ 否□

四、课堂小结

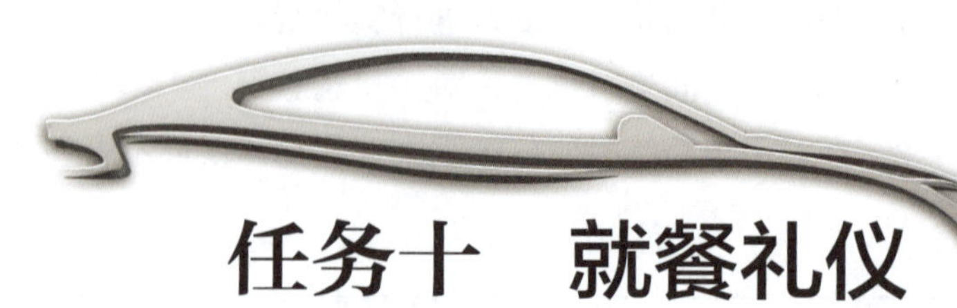

任务十　就餐礼仪

<table>
<tr><th colspan="5">汽车商务礼仪任务工单</th></tr>
<tr><td>实操人信息</td><td>姓名</td><td></td><td>性别</td><td></td></tr>
<tr><td>任务描述</td><td colspan="4">着装礼仪 □　站姿与蹲姿礼仪 □　行姿与坐姿礼仪 □　电话接听礼仪 □
电话回访礼仪 □　初次见面礼仪 □　引领礼仪 □　接待送别礼仪 □
餐桌礼仪 □　就餐礼仪 □　乘车礼仪 □　商务会议礼仪 □
其他：</td></tr>
<tr><th colspan="2">男士仪容仪表检查</th><th colspan="3">女士仪容仪表检查</th></tr>
<tr><td>发型发色</td><td rowspan="4"></td><td>发型发色</td><td colspan="2" rowspan="4"></td></tr>
<tr><td>仪容仪表</td><td>仪容仪表</td></tr>
<tr><td>着装</td><td>着装</td></tr>
<tr><td>其他</td><td>其他</td></tr>
<tr><td>明确具体
工作任务</td><td colspan="4"></td></tr>
</table>

续表

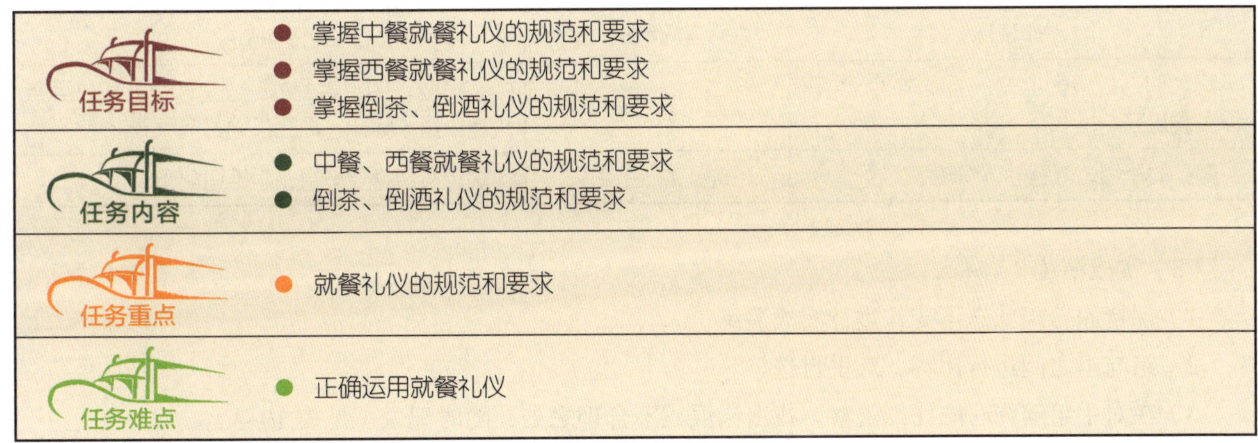

任务目标	● 掌握中餐就餐礼仪的规范和要求 ● 掌握西餐就餐礼仪的规范和要求 ● 掌握倒茶、倒酒礼仪的规范和要求
任务内容	● 中餐、西餐就餐礼仪的规范和要求 ● 倒茶、倒酒礼仪的规范和要求
任务重点	● 就餐礼仪的规范和要求
任务难点	● 正确运用就餐礼仪

一、中餐就餐礼仪

（一）知识讲解

（1）中餐吃鱼时的注意事项

1）吃到鱼刺时，不要往外吐，也不要往地上扔，要用手慢慢放到自己的碟子里，或放在紧靠自己的餐桌边，或放在事先准备好的纸上。

2）摆放鱼时，鱼头朝东、鱼肚朝北。

3）在宴请宾客的时候应首先将鱼鳃上的肉夹给最尊贵的客人。

4）在吃鱼的时候，不能吃鱼头和鱼眼睛。

（2）喝汤时的注意事项

喝汤时背脊要挺直，脸不可朝下，汤匙要横拿，略略倾斜，以汤匙前端靠近嘴边，慢慢把汤倒入嘴里。

（二）任务分配（见表 10–1）

表 10–1　任务分配表

职务	代码	姓名	工作内容
组长	A		监督、管理、分配组员工作
组员	B		进行物品准备、实际演练
	C		
	D		
	E		
	F		

（三）任务实施

（1）根据知识讲解中所述内容，完成模拟练习任务。

（2）全班同学分为 5 组，每组选派 1 名组长，负责把控时间和分配任务。组内成员两两配合完成模拟练习，在一人练习时另一人仔细观察并纠正错误（见表 10–2）。

表 10-2　任务实施表

动作表现	实际结果	正确做法
吃鱼时，如果朝上的一面没肉了，是否将鱼翻过来	是 □　否 □	吃鱼时，如果朝上的一面没肉了，应先用筷子将鱼骨剔除掉，再吃下面的肉
喝汤时是否背脊弯曲，脸朝下	是 □　否 □	喝汤时背脊要挺直，脸不可朝下

（3）实战演练

1）保持原分组状态不变，进行实战演练。

2）组与组之间进行比赛，对手自选。

3）在对手组演练时应仔细观察，找出错误或不合理之处，随时记录（见表 10–3）。

表 10-3　实战演练

序号	实战演练过程中出现的问题
1	
2	
3	
4	
5	
6	

二、西餐就餐礼仪

（一）知识讲解

西餐就餐时，要注意以下几点：

（1）在进食之前要把餐巾摊开放于腿上。

（2）甜点餐具放在餐盘前方正中间，正餐餐具放在餐盘两边，且为左叉右刀。

（3）要吃的菜不在自己面前时，需要将刀叉放在餐盘 7 点钟方向，左手端起餐盘请朋友帮你放菜。

（4）进餐完毕，需要将刀叉放于 4 点钟方向，代表已经进餐完毕。

（二）任务实施

（1）根据知识讲解中所述内容，完成模拟练习任务。

（2）保持原分组状态不变，组内成员两两配合完成模拟练习，在一人练习时另一人仔细观察并纠正错误（见表 10–4）。

表 10-4　任务实施表

动作表现	实际结果	正确做法
就餐时是否把餐巾摊开放于腿上	是 □　否 □	在进食之前要把餐巾摊开放于腿上
就餐时是否把刀叉随意放置	是 □　否 □	进餐完毕，需要将刀叉放于 4 点钟方向

（3）实战演练

1）保持原分组状态不变，进行实战演练。

2）组与组之间进行比赛，对手自选。

3）在对手组演练时应仔细观察，找出错误或不合理之处，随时记录（见表 10–5）。

表 10–5 实战演练

序号	实战演练过程中出现的问题
1	
2	
3	
4	
5	
6	

三、倒酒礼仪

（一）知识讲解

（1）倒酒的程序

用软木塞封口的酒，比如葡萄酒、洋酒，在开瓶以后应该先在自己杯子中倒一点点，品尝是否有坏软木味，如果口味不纯正，应该换另外一瓶酒。

倒酒时，应先为首席客人倒，然后再为其他客人倒，通常是逆时针方向为每一位客人逐一倒酒，最后给自己倒酒。

（2）倒酒的方法

倒酒的时候，手握瓶正身，将酒的商标对着客人，以表敬意，不要将酒瓶的瓶口对着客人。倒光一瓶酒时，应该迅速将瓶身转半圈，并且向上倾斜，避免将剩余的酒滴出杯外。

（3）倒酒的量

一般来说，葡萄酒倒半杯即可，白兰地等洋酒倒三分之一或者更少，白酒可以倒七分满，白酒不同于红酒，以小口品酒为宜。

（二）任务实施

（1）根据知识讲解中所述内容，完成模拟练习任务。

（2）保持原分组状态不变，组内成员两两配合完成模拟练习，在一人练习时另一人仔细观察并纠正错误（见表 10–6）。

表 10–6 任务实施表

动作表现	实际结果	正确做法
在宴会上，倒酒是否倒得过多或过少	是 □ 否 □	倒酒一定要适量
倒酒时是否让酒标朝向自己	是 □ 否 □	倒酒时要让酒标朝向客人

（3）实战演练

1）保持原分组状态不变，进行实战演练。

2）组与组之间进行比赛，对手自选。

3）在对手组演练时应仔细观察，找出错误或不合理之处，随时记录（见表 10–7）。

表 10–7　实战演练

序号	实战演练过程中出现的问题
1	
2	
3	
4	
5	
6	

四、倒茶礼仪

（一）知识讲解

倒茶的时候，如果分宾主的话，要先给宾客倒，然后才是主人。宾客如果是多人，则根据他们的年龄、职位、性别不同来倒茶，年龄按先老后幼的顺序，职位按从高到低，性别则按先女后男。

（二）任务实施

（1）根据知识讲解中所述内容，完成模拟练习任务。

（2）保持原分组状态不变，组内成员两两配合完成模拟练习，在一人练习时另一人仔细观察并纠正错误（见表 10–8）。

表 10–8　任务实施表

动作表现	实际结果	正确做法
倒茶时，是否按顺序倒	是 □　否 □	倒茶时，要先给宾客倒，再给主人倒
倒茶时，是否倒得过满	是 □　否 □	倒茶时，不宜过满，应适量

（3）实战演练

1）保持原分组状态不变，进行实战演练。

2）组与组之间进行比赛，对手自选。

3）在对手组演练时应仔细观察，找出错误或不合理之处，随时记录（见表 10–9）。

表 10–9　实战演练

序号	实战演练过程中出现的问题
1	
2	

续表

序号	实战演练过程中出现的问题
3	
4	
5	
6	

五、检查

（一）自检

结合本任务实施过程，检查相关表现和实战演练是否符合要求，将结果填入表 10-10 中。

表 10-10　自检

检查项目	结果
中餐就餐礼仪是否符合规范	是 □　否 □
西餐就餐礼仪是否符合规范	是 □　否 □
倒酒礼仪是否符合规范	是 □　否 □
倒茶礼仪是否符合规范	是 □　否 □

（二）互检

组与组之间进行相互检查，并把检查结果填写在表 10-11 中。

表 10-11　互检

检查项目	结果
中餐就餐礼仪是否符合规范	是 □　否 □
西餐就餐礼仪是否符合规范	是 □　否 □
倒酒礼仪是否符合规范	是 □　否 □
倒茶礼仪是否符合规范	是 □　否 □

六、课堂小结

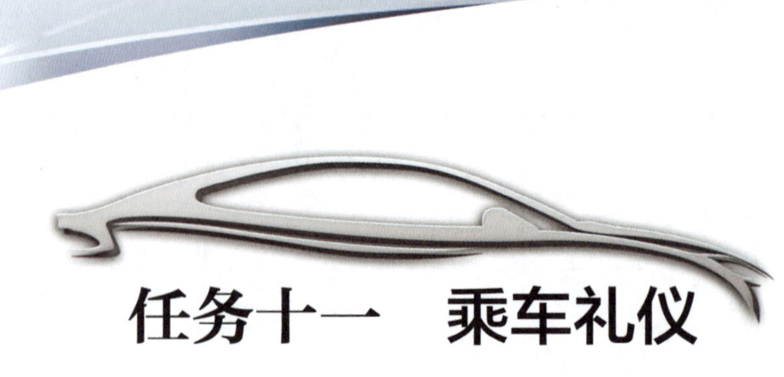

任务十一　乘车礼仪

<table>
<tr><td colspan="4">汽车商务礼仪任务工单</td></tr>
<tr><td>实操人信息</td><td>姓名</td><td></td><td>性别</td></tr>
<tr><td>任务描述</td><td colspan="3">着装礼仪 □　站姿与蹲姿礼仪 □　行姿与坐姿礼仪 □　电话接听礼仪 □
电话回访礼仪 □　初次见面礼仪 □　引领礼仪 □　接待送别礼仪 □
餐桌礼仪 □　就餐礼仪 □　乘车礼仪 □　商务会议礼仪 □
其他：</td></tr>
<tr><td colspan="2">男士仪容仪表检查</td><td colspan="2">女士仪容仪表检查</td></tr>
<tr><td>发型发色</td><td rowspan="4"></td><td>发型发色</td><td rowspan="4"></td></tr>
<tr><td>仪容仪表</td><td>仪容仪表</td></tr>
<tr><td>着装</td><td>着装</td></tr>
<tr><td>其他</td><td>其他</td></tr>
<tr><td>明确具体工作任务</td><td colspan="3"></td></tr>
</table>

续表

 任务目标	● 掌握多人乘车时的乘车礼仪规范和要求 ● 掌握领导或客户开车时的乘车礼仪规范和要求 ● 掌握专职司机开车时的乘车礼仪规范和要求
 任务内容	● 上下车礼仪的规范和要求 ● 领导或客户开车时的乘车礼仪规范和要求 ● 专职司机开车时的乘车礼仪规范和要求
 任务重点	● 不同情况下的乘车礼仪规范和要求
 任务难点	● 不同情况下的乘车礼仪规范和要求

一、上下车礼仪

（一）知识讲解

上下车的基本礼仪原则是上车时，让领导和客人先上，自己后上；下车时，自己先下，领导和客人后下。上车时，为领导和客人打开车门的同时，一只手固定车门，另一只手护住车门的上沿，防止客人或领导碰到头部，确认领导和客人身体安全进车后轻轻关上车门。下车时，方法相同。如果很多人坐一辆车，谁最方便下车谁先下车。

（二）任务分配（见表 11–1）

表 11–1 任务分配表

职务	代码	姓名	工作内容
组长	A		监督、管理、分配组员工作
组员	B		进行物品准备、实际演练
	C		
	D		
	E		
	F		

（三）任务实施

（1）根据知识讲解中所述内容，完成模拟练习任务。

（2）全班同学分为 5 组，每组选派 1 名组长，负责把控时间和分配任务。组内成员两两配合完成模拟练习，在一人练习时另一人仔细观察并纠正错误（见表 11–2）。

表 11-2　任务实施表

动作表现	实际结果	正确做法
是否以领导和客人为尊	是 □　否 □	以领导和客人为尊
是否自己先上，客人后上	是 □　否 □	客人先上，自己后上

（3）实战演练

1）保持原分组状态不变，进行实战演练。

2）组与组之间进行比赛，对手自选。

3）在对手组演练时应仔细观察，找出错误或不合理之处，随时记录（见表 11–3）。

表 11-3　实战演练

序号	实战演练过程中出现的问题
1	
2	
3	
4	
5	
6	

二、领导或客户开车时的乘车礼仪

（一）知识讲解

一般前排座为上，后排座为下；以右为上，以左为下。此时前排座位不可空着，一定要有一个人坐在那里，以示相伴。当领导开车时，五座轿车的座位由主到次依次为副驾驶座、后排右座、后排左座、后排中座。

（二）任务实施

（1）根据知识讲解中所述内容，完成模拟练习任务。

（2）保持原分组状态不变，组内成员两两配合完成模拟练习，在一人练习时另一人仔细观察并纠正错误（见表 11–4）。

表 11-4　任务实施表

动作表现	实际结果	正确做法
客户开车时，自己是否坐在后座	是 □　否 □	客户开车时，应坐在副驾驶的位置以示相伴
乘坐五座轿车且领导开车时，最尊贵的座位是否为后排右座	是 □　否 □	乘坐五座轿车且领导开车时，最尊贵的座位是副驾驶座

（3）实战演练

1）保持原分组状态不变，进行实战演练。

2）组与组之间进行比赛，对手自选。

3）在对手组演练时应仔细观察，找出错误或不合理之处，随时记录（见表 11–5）。

表 11–5 实战演练

序号	实战演练过程中出现的问题
1	
2	
3	
4	
5	
6	

三、专职司机开车时的乘车礼仪

（一）知识讲解

（1）轿车上座次的安全系数

乘坐轿车要考虑安全问题。在轿车上，后排座比前排座要安全得多。最不安全的座位，当数副驾驶座。最安全的座位是后排左座（驾驶座之后）或后排中座。

（2）座次

五座轿车的座位由主到次依次为后排右座、后排左座、后排中座、副驾驶座。在正式场合乘坐轿车时，应请尊长、女士、来宾就座于上座，这是给予对方的一种礼遇。同时还应尊重客户本人的意愿和选择，并要将这一条放在最重要的位置。

（二）任务实施

（1）根据知识讲解中所述内容，完成模拟练习任务。

（2）保持原分组状态不变，组内成员两两配合完成模拟练习，在一人练习时另一人仔细观察并纠正错误（见表 11–6）。

表 11–6 任务实施表

动作表现	实际结果	正确做法
专职司机开车时，宾客是否坐在副驾驶的位置	是 □ 否 □	专职司机开车时，宾客坐在后排右座

（3）实战演练

1）保持原分组状态不变，进行实战演练。

2）组与组之间进行比赛，对手自选。

3）在对手组演练时应仔细观察，找出错误或不合理之处，随时记录（见表 11–7）。

表 11–7　实战演练

序号	实战演练过程中出现的问题
1	
2	
3	
4	
5	
6	

四、检查

（一）自检

结合本任务实施过程，检查相关表现和实战演练是否符合要求，将结果填入表 11–8 中。

表 11–8　自检

检查项目	结果
上下车时的礼仪是否符合规范	是 □　否 □
领导或客户开车时的乘车礼仪是否符合规范	是 □　否 □
专职司机开车时的乘车礼仪是否符合规范	是 □　否 □

（二）互检

组与组之间进行相互检查，并把检查结果填写在表 11–9 中。

表 11–9　互检

检查项目	结果
上下车时的礼仪是否符合规范	是 □　否 □
领导或客户开车时的乘车礼仪是否符合规范	是 □　否 □
专职司机开车时的乘车礼仪是否符合规范	是 □　否 □

五、课堂小结

任务十二　商务会议礼仪

<table>
<tr><th colspan="4">汽车商务礼仪任务工单</th></tr>
<tr><td>实操人信息</td><td>姓名</td><td></td><td>性别</td></tr>
<tr><td>任务描述</td><td colspan="3">着装礼仪 □　站姿与蹲姿礼仪 □　行姿与坐姿礼仪 □　电话接听礼仪 □
电话回访礼仪 □　初次见面礼仪 □　引领礼仪 □　接待送别礼仪 □
餐桌礼仪 □　就餐礼仪 □　乘车礼仪 □　商务会议礼仪 □
其他：</td></tr>
<tr><th colspan="2">男士仪容仪表检查</th><th colspan="2">女士仪容仪表检查</th></tr>
<tr><td>发型发色</td><td rowspan="4"></td><td>发型发色</td><td rowspan="4"></td></tr>
<tr><td>仪容仪表</td><td>仪容仪表</td></tr>
<tr><td>着装</td><td>着装</td></tr>
<tr><td>其他</td><td>其他</td></tr>
<tr><td>明确具体工作任务</td><td colspan="3"></td></tr>
</table>

续表

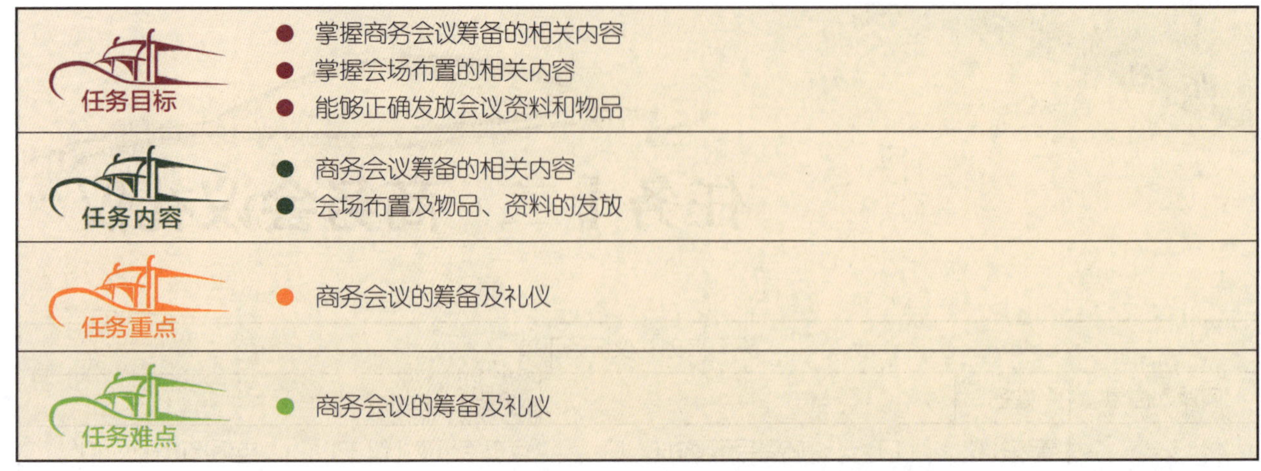

任务目标	● 掌握商务会议筹备的相关内容 ● 掌握会场布置的相关内容 ● 能够正确发放会议资料和物品
任务内容	● 商务会议筹备的相关内容 ● 会场布置及物品、资料的发放
任务重点	● 商务会议的筹备及礼仪
任务难点	● 商务会议的筹备及礼仪

一、商务会议筹备

(一)知识讲解

一场完整的商务会议要经历会议筹备、会场布置、会议接待、会议结束四个过程。

(1)会议筹备

会议筹备是会议活动的重要环节，应严格按照会议要求做准备工作，准备工作需要先了解会议基本情况，掌握会议规模、重要性、议题以及会场空间布置要求。

(2)会场布置

场外布置需要准备会议横幅或电子屏欢迎词，租赁鲜花、地毯、气球、礼炮等；场内需要摆放主席台、座椅、稿纸和笔，还要安排接待人员等。

(3)会议接待

礼仪人员、接待人员在宾客到场时要面带微笑，在会议厅入口处提供签到服务、发放资料并引导嘉宾就坐。在会议进行之际，要随时注意会场服务需求，沏茶、倒水要按规矩进行。

(4)会议结束

检查宾客有无遗漏物品，待宾客全部离场后，打扫卫生，将座椅全部归位，检查电源开关，关好门窗，确认无误后方可离开。会议结束后要整理会议记录。

(二)任务分配(见表 12-1)

表 12-1 任务分配表

职务	代码	姓名	工作内容
组长	A		监督、管理、分配组员工作
组员	B		进行物品准备、实际演练
	C		
	D		
	E		
	F		

（三）任务实施

（1）根据知识讲解中所述内容，完成模拟练习任务。

（2）全班同学分为 5 组，每组选派 1 名组长，负责把控时间和分配任务。组内成员相互配合完成模拟练习。

中国汽车行业发展研讨会策划书

一、会前准备工作

1. 会议主题

为了中国汽车产业的发展，将中国汽车品牌推向世界，特召开此次会议。会议的重点是分析中国汽车行业的发展现状和预测中国汽车行业未来的发展前景。

2. 会议名称

中国汽车行业发展研讨会。

3. 会议规格与规模

本次会议是中型、高档次的会议。

4. 会议时间与地点

（1）时间：2022 年 7 月 3 日—2022 年 7 月 5 日。

（2）地点：杭州西湖会议厅。

5. 与会人员名单

国内外汽车行业专家、群众代表、媒体、主持人。

6. 会议日程

会议日程另附。

7. 印发会议通知

会议通知于 6 月 15 日发放（内附邀请函）。

8. 会议所需用品及设备（会务组负责）

（1）必备用品：文具、桌椅、茶具、扩音设备、照明设备、空调设备、投影设备和音像设备等。

（2）特殊用品

1）会议证件（会议正式证件、工作证）。

2）会标：中国汽车行业发展研讨会（展板式）。

3）席卡（普通席卡即可）。

4）会议器材的准备（检查各种设备是否准备好，避免发生突发状况）。

5）会议材料（会议日程、议程、会议签到表等）。

6）会议饮料用品（清茶、纯净水、纸杯等）。

7）会议其他用品（纸、笔、烟灰缸、纸巾等）。

9. 会议组织机构

会务组、宣传组、文件组、接待组、保卫组、秘书组、后勤组、企划组。

10. 会议场所的布置（企划组负责）

（1）设计会场格局。

（2）排列会场座次。

（3）摆放花卉。

11. 预订食宿（接待组负责）

在纳德大酒店预订 15 间空房，供参会人员住宿（选择理由：离杭州西湖较近，四周风景宜人，客人闲暇之余可以去西湖游玩，且该酒店服务较好，口碑不错）。

（1）住宿预订

1）房间标准：高级标间 8 间（418 元 / 间）；豪华单间 7 间（468 元 / 间）。

2）预订天数：3 天。

（2）餐饮预订

1）预订方案：7 月 3 日工作晚餐 2 桌。

7 月 4 日工作午餐 2 桌、商务晚餐 4 桌。

7 月 5 日工作午餐 2 桌、烧烤晚会。

2）预订标准：工作午餐 800 元 / 桌。

商务晚餐 1 500 元 / 桌。

烧烤晚会 5 000 元。

12. 进行全面的会前检查

（1）检查会场空调、麦克风、投影仪等设备是否齐全，并进行调试，确保当天能正常使用（后勤组负责）。

（2）保证会议文件齐全，签到表已提前准备好（文件组负责）。

（3）检查警卫部署、证件检验人员的定岗定位、交通指挥及主席台服务人员的就位等（保卫组负责）。

二、会中组织工作

（一）报到日安排（7 月 3 日）

1. 接站工作

（1）时间：7：00—15：00。

（2）地点：车站或机场。

安排车辆准时在车站或机场接待，在酒店门口竖立欢迎标牌。

2. 报到工作

（1）时间：8：00—17：00。

（2）地点：纳德大酒店一楼大厅（接待组负责）。

（3）材料的发放（文件组负责）。

欢迎每位参会人员，并派工作人员带领其办理相关手续。凭邀请函领取门牌号码，并向报到者说明作息时间、注意事项和食宿安排等情况；收取和发放相应材料，请与会人员填写个人信息资料，以便会后制作会议通讯录。

（二）第一天安排（7 月 4 日，企划组负责）

1. 开幕仪式

（1）开幕式前的准备工作（会务组负责）

1）时间：9：00—10：00。

2）地点：杭州西湖会议厅外的临时舞台。

3）人员：全体与会人员。

4）器材：准备好麦克风、音响等，搭好舞台，并在前一天晚上进行相关设备测试，确保能正常使用。

5）开幕式会场布置。

（2）开幕式议程

1）主持人讲话，宣布开幕式开始。

2）中国汽车发展协会会长发表演讲。

3）参会人员代表发言。

4）主持人宣布开幕式结束。

（3）清理、打扫现场卫生。

2. 会议“中国汽车行业发展研讨会”

（1）会议时间：10：30—11：30，14：00—17：00。

（2）会议地点：杭州西湖会议厅（2 号会议厅）。

（3）与会人员：协会市场部成员、群众代表、主持人、记者。

（4）会议议题

1）中国汽车行业发展概况。

2）中国汽车市场消费者构成情况。

3）中国汽车行业存在的不足。

（5）会议议程

1）主持人宣布会议开始。

2）本协会市场部负责人发言（根据中国汽车行业发展概况分析中国汽车市场消费者构成情况）。

3）群众代表发言（表达对中国汽车行业发展的看法以及期望）。

4）主持人宣布会议结束。

（6）会议器材：会场、多媒体、音响设备、横幅、扩音设备、照明设备、空调设备、入场证件、记者证、席卡等。

（7）会场布置：在 U 字形会台的中间摆放 4 盆树景；会台上摆放鲜花、纯净水、纸巾、笔记本、台式麦克风；U 字形会台正对面墙上挂横幅，在横幅两边各摆放一棵高一点的树（树的绿色可以缓解会议上紧张、压抑的气氛，缓解眼睛疲劳，同时花的芬芳也可以使人放松、心情愉悦）。

（三）第二天安排（7 月 5 日，企划组负责）

1. 会议闭幕式（9：00—10：30）

（1）闭幕式准备：准备好麦克风、音响等，搭好舞台，并在前一天晚上进行相关设备测试，确保能正常使用。

（2）闭幕式流程

1）主持人讲话。

2）中国汽车行业协会负责人致闭幕词。

3）汽车行业专家对此次研讨会做总结。

4）主持人宣布此次研讨会结束。

（3）清理、打扫现场卫生。

2. 问卷调查

（1）对于本次会议的服务是否满意？（　　）

A. 特别满意　　B. 满意　　C. 一般

（2）您对本次会议的内容安排满意吗？（　　）

A. 特别满意　　B. 满意　　C. 一般

（3）您对本次会议的住宿和用餐是否满意？（　　）

A. 特别满意　　B. 满意　　C. 一般

（3）实战演练

1）保持原分组状态不变，进行实战演练。

2）组与组之间进行比赛，对手自选。

3）在对手组演练时应仔细观察，找出错误或不合理之处，随时记录（见表 12–2）。

表 12–2　实战演练

序号	实战演练过程中出现的问题
1	
2	
3	
4	
5	
6	

二、会场布置

（一）知识讲解

会场布置对于成功举办一场会议极为重要。因此，在会议前期，就需要根据会议的类型及会议选择的场地进行合理布置。

（1）会场布置形式

1）剧院式。剧院式的摆放方式与电影院基本相同，正前方是主席台，面向主席台的是观众席，观众席座位前一般不设桌子。剧院式的布置适合例会或大型代表会等不需要书写和记录的会议。

2）课堂式。课堂式与剧院式相似，不同的是课堂式的座位前方会摆放桌子以方便参会人员书写。课堂式的布置适合用于专业学术机构举办的、具有培训性质的会议。

3）宴会式。宴会式由大圆桌组成，每个圆桌可坐 5 ~ 12 人。宴会式布置一般用于中餐宴会和培训会议。在培训性会议中，每个圆桌只会安排 6 人左右，这样有利于同桌人员的互动和交流。

4）鸡尾酒式。鸡尾酒式的布置比较灵活，没有固定的模式，一般不安排或仅安排少量座位，大家拿取食物后可自由走动交流。鸡尾酒式布置所能容纳的人数仅次于剧院式。

5）U 形。U 形布置是指会议桌摆成一面开口的 U 字形状，椅子放置在 U 形办公桌周围，如需投影，投影仪可以放在 U 形的开口处。对于面积相同的会议室，这种形式的布置所能容纳的人数最少，一般适合小规模的讨论型会议。

6）董事会形。董事会形也称为中空形，会议桌摆成一个封闭的“口”字形状，椅子放置在“口”字的外围，一般用于小型会议。

（2）主席台位次

如果领导人数为奇数，则最重要的领导人安排于图 12-1 中 1 号位置，其左侧是 2 号领导，其右侧是 3 号领导，其他领导可按图 12-1 所示依次排开。

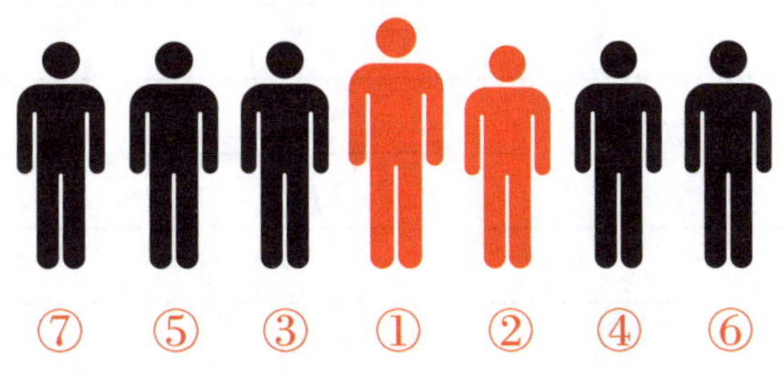

图 12-1 主席台位次（奇数）

如果领导人数为偶数，最重要的两位领导人分别安排于图 12-2 所示的 1、2 号位置，1 号右侧是 3 号领导，2 号左侧是 4 号领导，其他领导按图 12-2 所示依次排开。

图 12-2 主席台位次（偶数）

（二）任务实施

（1）根据知识讲解中所述内容，完成模拟练习任务。

（2）保持原分组状态不变，组内成员两两配合完成模拟练习，在一人练习时另一人仔细观察并纠正错误（见表 12–3）。

表 12–3　任务实施表

动作表现	实际结果	正确做法
入座时，一号领导是否坐在正中央	是 □　否 □	入座时，一号领导坐在正中央
二号领导是否坐在一号领导右侧	是 □　否 □	二号领导坐在一号领导左侧

（3）实战演练

1）保持原分组状态不变，进行实战演练。

2）组与组之间进行比赛，对手自选。

3）在对手组演练时应仔细观察，找出错误或不合理之处，随时记录（见表 12–4）。

表 12–4　实战演练

序号	实战演练过程中出现的问题
1	
2	
3	
4	
5	
6	

三、会议接待礼仪

（一）知识讲解

一般的会议接待工作包括签到、引座、接待。

（1）签到

签到台一般需要 1 ~ 2 名工作人员，如果接待档次要求比较高，可以派礼仪人员承担。签到台备有签字笔和签到本。向参会人员递签字笔时，应脱下笔帽，笔尖对自己，双手将笔递上。如需要发放会议资料，也应双手递上。签到完成后，接待人员应向会议组织者汇报到会人数。

（2）引座

会议接待人员应将参会人员引入会场就座。重要领导应先引入休息室，会议开始前几分钟再到主席台就座。

（3）接待

参会人员就座后，接待人员应热情解答其各种问题，尽可能提供周到的服务。

（二）任务实施

（1）根据知识讲解中所述内容，完成模拟练习任务。

（2）保持原分组状态不变，组内成员两两配合完成模拟练习，在一人练习时另一人仔细观察并纠正错误（见表 12–5）。

表 12–5 任务实施表

动作表现	实际结果	正确做法
向客人递钢笔时，是否摘下笔帽	是 □ 否 □	向客人递钢笔时，应摘下笔帽，笔尖对着自己
发放资料时，是否单手递上	是 □ 否 □	发放资料时，应双手递上

（3）实战演练

1）保持原分组状态不变，进行实战演练。

2）组与组之间进行比赛，对手自选。

3）在对手组演练时应仔细观察，找出错误或不合理之处，并随时记录（见表 12–6）。

表 12–6 实战演练

序号	实战演练过程中出现的问题
1	
2	
3	
4	
5	
6	

四、检查

（一）自检

结合本任务实施过程，检查相关表现和实战演练是否符合要求，将结果填入表 12–7 中。

表 12–7 自检

检查项目	结果
商务会议的筹备内容是否正确	是 □ 否 □
会场的布置是否符合标准	是 □ 否 □
会议接待礼仪是否符合规范	是 □ 否 □

（二）互检

组与组之间进行相互检查，并把检查结果填写在表 12–8 中。

表 12–8　互检

检查项目	结果
商务会议的筹备内容是否正确	是 □　否 □
会场的布置是否符合标准	是 □　否 □
会议接待礼仪是否符合规范	是 □　否 □

五、课堂小结

____

____

____